KB233956

문화로 보는 우리 역사

초 판 1쇄 펴낸 날 2008년 3월 10일
개정판 1쇄 펴낸 날 2011년 8월 20일

지 은 이 **문동석**
펴 낸 이 **김삼수**
펴 낸 곳 **상상박물관**
편 　 집 **김소라**
디 자 인 **문홍진**

등 　 록 제318-2007-00076호
주 　 소 서울시 은평구 응암3동 287-21 202호
전 　 화 0505-306-3336
팩 　 스 0505-303-3334
이 메 일 amormundi@paran.com

ⓒ 문동석 2011. Printed in Seoul. Korea

ISBN 978-89-93467-16-1 03910

값 16,000원

이 도서의 국립중앙도서관 출판시도서목록(CIP)은
e-CIP 홈페이지(http://www.nl.go.kr/ecip)에서
이용하실 수 있습니다.(CIP제어번호 : CIP2011003245)

이 책 내용의 일부 또는 전부를 재사용하려면
반드시 저작권자와 상상박물관 양측의 동의를 받아야 합니다.

문화로 보는 우리 역사

문화로 보는 우리 역사

문동석 지음

인류가 살아온 삶의 궤적인 역사와 그 생활 양태의 축적인 문화는 오늘 우리가 살아가는 삶의 바탕이요, 앞으로 나아갈 방향을 가늠하는 나침반이 된다. 그런데 문화란 무릇 인간 생활 전반에 걸친 것이므로 그 범위가 대단히 넓고 깊다. 그런 만큼 문화에 대한 이해는 자칫 추상적인 차원에 머물기 쉽지만, 다른 한편 문화가 인간 생활 양태의 축적이라고 한다면, 그것은 구체성을 지닌 것이며 흔적을 남기게 마련이다.

우리는 과거 인류 문화가 남긴 결과물이자 흔적으로서 대표성과 가치를 지닌 것들을 문화유산이라 부른다. 문화유산을 통해 우리는 과거를 보다 생생하게 접할 수 있다. 그런데 이 문화유산은 구체적이고 가시적인 것이 대부분이어서 이에 대한 우리의 이해는 특수하고 지엽적인 데로 흐르기 쉽다.

이 책에서 필자는 문화와 문화유산 이해에서 발생하는 두 가지 편향을 지양하여, 문화유산에 대한 역사적·문화적 접근을 꾀하고자 하였다. 다시 말해 문화유산에 대한 구체적인 정보와 그것을 받아들이는 우리의 역사적·문화적 감성을 종합하여 보다 체계적이고 주체적인 이해에 도달하고자 하였다. 문화유산에 대한 객관적·구체적 지식을 습득케 하고, 이를 바탕으로 우리 문화와 역사에 대한 보다 깊은 이해에 도달케 하는 것, 둘 같지만 하나로 모아지는 이 책의 목표이다.

지난 2000년부터 필자는 방학 때마다 초등학교 선생님들을 대상으로 '답사로 풀어보는 서울의 역사와 문화'라는 강좌를 진행하였다. 이 책은 그 강의안을 바탕으로 쓰여진 것이다. 문화유산의 현장을 함께 답사했던 여러 선생님들의 독려로 책을 펴내기로 했으나, 막상 일을 벌여놓고 보니 부족한 부분이 한두 가지가 아니었다. 드문드문 빠진 내용과 균형 잡히지 않은 구성은 물론이거니와 관련 사진 자료도 매우 부족한 형편이었다. 여러 선생님들의 조언과 도움이 없었더라면 이 책은 끝내 나오지 못했을 것이다.

평소 우리 역사와 문화에 많은 애정을 품고 현장을 직접 찾아다니며 찍은 소중한 사진들을 제공해주신 김영철 선생님(서울상원초등학교), 김동현 선생님(서울신성초등학교), 최태규 교감선생님(서울잠원초등학교), 신명철 교감선생님(서울언주초등학교), 임규식 선생님(서울교대부설초등학교)의 도움은 평생 잊을 수 없을 것이다. 또한 1994년부터 지금까지 매 방학마다 역사의 현장을 찾아다니면서 이를 학생들에게 어떻게 가르칠 것인가를 함께 고민했던 서울교육대학교 사회교육과 졸업생들에게도 고마움을 전한다. 많은 추억을 함께 나눈 서울교육대학교 국사연구회의 도움도 결코 잊을 수 없을 것이다

이 책을 니를 한 가성의 가장으로 세워준 아내 박희성과 2007년 무더운 여름날 태어나 삶에 대한 새로운 감동과 기쁨을 안겨준 딸 서린에게 바치고 싶다. 그리고 뒤늦게 꾸린 가정을 잘 이끌 수 있도록 물심양면으로 힘이 되어주신 어머니, 장인·장모님, 친지 형제들에게 깊은 감사의 마음을 전한다.

옥수동 서재에서 문동석

전통문화에서 음양오행은 매우 중요한 위치를 차지한다. 21세기를 사는 현대인들도 음양과 오행에서 그리 자유롭지 못하다. 많은 부모들은 자식이 태어나면 앞으로의 안녕과 행복을 빌며 이름을 짓는다. 그런데 이 이름은 항렬(行列)을 따라 짓는 경우가 많다. 집안에 따라 10간(干)과 12지(支)의 파자를 사용하여 짓기도 하지만 보통은 오행에 입각하여 작명한다.

또한 우리는 결혼식 축의금을 보통 3만원, 5만원, 7만원 등 홀수 단위로 낸다. 이렇게 홀수 단위로 굳어진 것은 전통사회에서 홀수를 길하다고 여겼기 때문이다. 그 이유는 홀수는 양이고, 짝수는 음이기 때문이다. 홀수가 길하다는 생각은 민속에서 1년에 홀수가 두 번 겹치는 날인 설날(1월 1일), 삼짇날(3월 3일), 단오(5월 5일), 칠석(7월 7일), 중양절(9월 9일)을 명절로 지내온 것에서도 알 수 있다. 결국 결혼식 축의금

1장

음양오행과 전통문화

을 홀수 단위로 내는 것은 사랑하는 남녀가 만나서 가정을 꾸리는 날 양의 기운을 듬뿍 받아 잘 살기 바라는 마음에서다. 현대인들도 이러할진대, 과거 사람들에게 음양과 오행의 의미는 과연 어느 정도였으랴.

학창 시절 누구나 수학여행으로 경주라는 도시를 한 번쯤 가본 경험이 있을 것이다. 그런데 경주라는 이름은 언제부터 우리 역사에 등장했을까? 이렇게 물어보면 대개는 대답을 하지 못하거나, 일부는 신라시대에 등장한다고 답한다. 과연 경주는 신라시대부터 등장하는 것일까?

경주라는 도시명은 신라의 마지막 왕인 경순왕이 고려 태조에 항복하고 나서 등장한다. 즉 고려 태조 왕건이 경순왕을 '경주사심관'에 임명하면서 처음 우리 역사에 경주라는 지명이 나오는 것이다. 그렇다면 신라시대에는 경주를 뭐라고 불렀을까?

신라시대에는 '금성'(金城)이라고 하였다. 신라의 수도 금성이 대내외적으로 인식된 시기는 7세기 중반 삼국을 통일하고 나서부터이다. 신라는 백제와 고구려를 멸망시킨 후, 오행 중 '금'(金)의 나라로 자부하면서 전국을 9주(州)로 나누고 군대도 9서당(誓幢)으로 개편하였다.

10세기, 신라를 무너뜨리고 새로운 통일 왕조를 세운 태조 왕건은 그의 나라가 오행 중 수(水)에 해당된다고 하면서 연호를 '수덕만세'(水德萬歲)라 하였으며, 전국을 12목(牧)으로 개편하였다. 또한 고려시대에는 사학(私學)이 발달하였는데 그 대표 인물인 문헌공도 최충(崔忠)은 12사학을 세워 후학들을 양성하였다. 고려는 6 또는 6의 배수가 되는 12라는 숫자를 매우 중시하였음을 알 수 있다.

고려시대에는 고려를 무너뜨리고 새로운 왕조를 세우려는 반란이 빈번하였다. 이들은 공통적으로 오행 중 '수'(水)에 해당하는 고려의 기운이 쇠퇴하였으니 '목'(木)이 중심이 되는 나라를 세워야 한다고 주장하였다. 그래서 나온 것이 '십팔자위왕'(十八

子爲王) 혹은 '목자위왕'(木子爲王)설이다. 고려를 무너뜨리고 등장한 조선이 바로 이 설에 의지했음도 널리 알려진 사실이다.

조선은 전국을 8도(道)로 나누고, 수도를 개경에서 한양으로 옮기면서 음양과 오행에 입각하여 도시를 구성하였다. 한양은 동서(東西)를 기본 축으로 발전한 도시로, 동쪽은 양, 서쪽은 음을 의미한다. 이는 조선시대 왕릉이 동쪽(동구릉)과 서쪽(서오릉, 서삼릉)에 밀집되어 있는 것에서도 알 수 있다. 또한 한양을 둘러싸고 4대문을 세운 것은 오행에 입각한 것이다.

이와 같이 음양과 오행 사상은 역대 왕조들의 정치제도와 문화에 지대한 영향을 끼쳤을 뿐만 아니라 일반인의 세세한 삶에도 강력한 흔적을 남겼다. 음양과 오행은 하나의 관념 혹은 철학이라기보다는 전통사회에서 우주와 인생을 바라보는 일종의 사유의 틀로서 작용하였다. 전통사회를 제대로 이해하는 데 음양과 오행에 대한 기본 인식이 꼭 필요한 까닭이 여기 있다.

Ⅰ. 음양의 이해

1. 음양론

세상의 모든 사물은 변한다. 해가 뜨면 지고, 달도 차면 기운다. 낮이 지나면 밤이 오고, 밤이 지나면 아침이 온다. 여름이 가면 가을이 오고, 겨울이 가면 봄이 온다. 이것이 천지자연(天地自然)의 법칙이다. 옛사람들은 천문과 지리를 살펴 천지자연의 법칙을 알아내고, 그것을 인간사에 옮겨 생각했다. 인간은 스스로를 내부에 천지의 법칙을 간직하고 있는 축소된 천지라고 생각했다. 때문에 인간의 생성에서 변화 발전과 흥망성쇠와 길흉화복에 이르기까지 인간사는 모두 천지자연의 법칙 및 작용과 합치하는 것이고, 또 합치해야 한다고 생각했다. 이러한 생각이 음양사상(陰陽思想)이고 천인합일사상(天人合一思想)이다.

전통적으로 해는 양(陽)의 상징이고 달은 음(陰)의 상징으로 생각하였다. 달은 지구를 도는 조그마한 위성(衛星)이고 해는 스스로 빛을 내는 붙박이별 항성(恒星)이다. 모든 생명의 원천인 해와, 빛을 반사

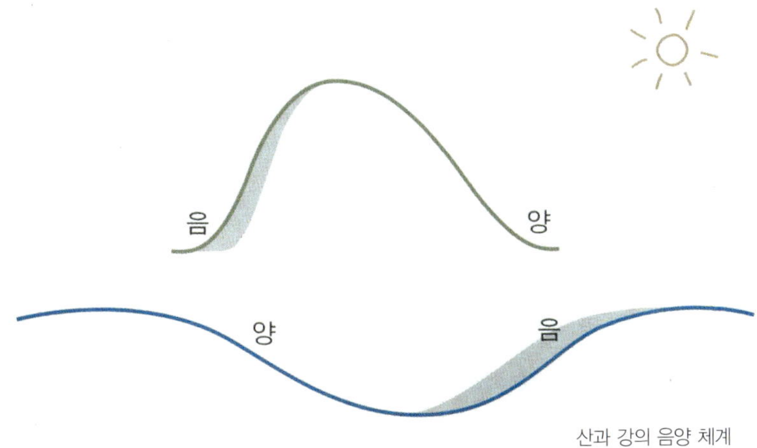

산과 강의 음양 체계

하는 조그만 위성에 불과한 달이 어떻게 음양(陰陽)의 짝이 되었을까? 그 이유는 달이 우리와 너무나 가깝기 때문이다. 달은 작은 위성에 불과하지만 차고 기울면서 지구상의 거대한 바다를 밀었다 당겼다 한다. 따라서 70%가 바다로 되어 있는 지구, 70%가 물로 되어 있는 인간은 달의 영향을 많이 받을 수밖에 없다.

달의 영향을 받아 지구상의 생물들은 그믐과 보름 때 많이 난다. 또한 여성의 주기도 달의 주기와 완전히 일치한다. 달은 이렇게 우리 인간에게 대단히 중요한 것이다. 동양 전통에서 달과 해, 다시 말해 음양이 우리 인생을 기본적으로 틀 잡고 있다고 생각한 까닭이 바로 여기 있다.

대한민국의 수도인 서울을 조선시대에는 한양(漢陽)이라고 하였다. 그 이유는 도시가 한강(漢江)의 북쪽이자 북한산의 남쪽에 위치하고 있기 때문이다. 산의 경우 해가 하늘에 떠 있으면 남녘에 볕이 드

『고지도첩』에 수록된 서울 지도(19세기 초)

니까 남쪽이 양이고 북쪽이 음이다. 반대로 강은 아래가 파여 있어 북쪽 기슭에 햇볕이 따스하게 들고 남쪽 사면은 그늘이 진다. 그래서 산은 남쪽이 양이고, 강은 북쪽이 양이다.

또한 해가 뜨는 동쪽은 생명과 탄생의 땅이고, 해가 지는 서쪽은 어둠과 죽음의 땅이다. 그래서 조선시대 한양의 서쪽에는 감옥과 처형장 등 형벌 및 죽음과 관련된 기관을 배치하였다. 가령 한양의 서쪽에 있던 '고태골'이라는 곳은 처형장이었다. 그래서 "고태골로 간다"라는 말은 죽음을 의미하였고, 줄여서 "골로 간다", "골로 보낸다"라는 등의 속어가 이 지역으로부터 유래하였다. 지금은 모두 다른 곳으로 옮겼지만 1970년대까지 서울 시내의 서쪽에 형무소(감옥), 소년원, 화장터 등이 자리 잡았던 것도 이러한 발상이 현실 속에 반영된 것이다.

2. 음양의 순환과 조화

하늘과 땅 사이에는 음양의 기운이 운행한다. 그리고 모든 생명체 가운데 가장 맑고 깨끗한 기운을 받아 태어난 것이 바로 사람이다. 따라서 사람은 음양이 온전히 갖추어져 있는 하나의 소우주(小宇宙)로 생각하였다. 이를 테면 좌우 대칭으로 생긴 모양은 음양이다. 그래서 왼쪽은 양, 오른쪽은 음이 된다. 그래서 남자는 설날 세배하러 가서는 왼손을 위에 두고 절을 한다. 반면 상갓집에 가면 오른손이 위로 올라가게 해서 절한다. 물론 여성은 남성과 반대이다.

인간사는 양 측면을 가지고 있다. 인간사의 양 측면을 보여주는 것 중 하나가 언어이다. 우리가 사용하고 있는 언어는 음양의 두 요소로 되어 있는 것이 많다. 이것은 옛 사람들이 세상을 음양의 양 측면에서 보고 이해해왔다는 것을 의미한다.

음양의 양 측면을 나타내는 말로는 해와 달의 관계를 나타내는 '일월'(日月), 남자와 여자의 '남녀'(男女), 하늘과 땅을 의미하는 '천지'(天地), 둥근 것과 네모난 것의 관계를 나타내는 '원방'(圓方), 불과 물의 관계를 나타내는 '화수'(火水), 활동적이고 적극적인 것과 고요한 것의 관계인 '동정'(動靜), 검은 것과 하얀 것의 '흑백'(黑白), 홀수와 짝수의 관계를 나타내는 '기우'(奇偶), 사는 것과 죽는 것의 '생사'(生死), 앞과 뒤의 '선후'(先後), 흩어지는 것과 모이는 것의 '산집'(散集), 봄과 가을의 '춘추'(春秋), 왼쪽과 오른쪽의 '좌우'(左右) 등을 들 수 있다.

황룡포의 보(圓, 양)

관료들의 흉배(方, 음)

　　그런데 가만히 보면 음양의 두 요소 중 양을 우선시하고 있음을 알 수 있다. 이것은 양은 적극적인데 반해 음은 정적이기 때문이다. 이를 표로 나타내면 아래와 같다.

　　태양이 떠서 햇빛을 비추다가 저녁이 되면 달에게 임무를 물려주고 또다시 아침을 기다리듯, 음과 양은 자연법칙에 의해 규칙적으로 끊임없이 돌고 돈다.

양(陽)	음(陰)	양(陽)	음(陰)
일(日)	월(月)	흑(黑)	백(白)
남(男)	여(女)	기(奇)	우(偶)
웅(雄)	자(雌)	생(生)	사(死)
천(天)	지(地)	선(先)	후(後)
원(圓)	방(方)	산(散)	집(集)
화(火)	수(水)	춘(春)	추(秋)
동(動)	정(靜)	좌(左)	우(右)
철(凸)	요(凹)	양전하	음전하

짝을 이루는 음양의 관계

사람도 마찬가지로, 여자와 남자가 있어야 음과 양이 조화를 이루어 대대로 후손을 이어갈 수가 있다. 밤은 없고 낮만 계속된다든지, 여자는 없고 남자만 살고 있다든지 하는, 음양의 조화가 깨진 세상은 상상할 수도 없는 일이다. 음과 양은 상반된 기운이기는 하나 서로 다투거나 반목하는 것은 아니다. 음과 양이 서로 순환하고 서로 조화를 이룰 때 만물이 생겨나 발전해나간다. 따라서 음양의 목표는 첫째는 상대성, 둘째는 순환성, 셋째는 조화(균형)이다. 이러한 음양의 특성을 잘 보여주는 것이 동양의 전통놀이인 바둑과 장기다.

바둑은 네모난 바둑판(음)에 둥근 돌(양)을 사용하여 전개되는 놀이며, 사용되는 돌도 검정색(양)과 흰색(음)으로 되어 있다. 또한 상대방과 더불어 바둑돌을 번갈아 놓으면서 진행된다. 이는 순환을 의미한다. 바둑에 사용되는 돌은 흰 바둑돌과 검정 바둑돌이 각기 180개로 같다. 이는 조화, 즉 균형을 의미한다. 바둑은 가로, 세로 각 19개의 평행선을 그린 평면 바둑판에 바둑돌을 놓으면서 진행된다. 그러나 시간이 지날수록 바둑판은 흰 바둑돌과 검정 바둑돌로 채워지게 된

바둑판과 바둑돌

장기판과 장기알

다. 채워지는 것은 음이다. 따라서 바둑은 음의 놀이라 할 수 있다.

　장기는 네모난 장기판(음)에 푸른색(음) 기물과 붉은색(양) 기물을 사용하여 전개되는 진법(陳法) 놀이다. 장기는 상대방과 더불어 각각 기능이 다른 기물을 번갈아 놓으면서 진행된다. 이는 순환을 의미한다. 장기는 장기판 위에 양편이 각각 16개의 기물(將 1, 車 2, 包 2, 馬 2, 象 2, 士 2, 兵 또는 卒 5)을 자리에 배치한다. 이는 조화, 즉 균형을 의미한다. 그러나 시간이 지날수록 장기판 위의 기물들이 하나씩 없어지게 된다. 없어지는 것은 양이다. 따라서 장기는 양의 놀이다. 바둑과 장기의 상징 의미는 다음의 표와 같이 정리할 수 있다.

바둑	장기
원방(圓方)	원방(圓方)
흑백(黑白)	청적(靑赤)
돌을 번갈아 놓는다 ⇨ 순환	돌을 번갈아 놓는다 ⇨ 순환
사용된 흑백의 수가 같다 ⇨ 균형	사용된 청적의 수가 같다 ⇨ 균형
시간이 갈수록 채워진다 ⇨ 음의 놀이	시간이 갈수록 없어진다 ⇨ 양의 놀이

바둑과 장기의 상징 해석

1. 오행론

태양계에는 우리가 살고 있는 지구를 포함하여 여러 행성들이 있다. 그중에서도 지구와 가까운 수성, 금성, 화성, 목성, 토성이 태양에서 발산되는 천기(天氣)를 받아서 또 하나의 기(氣)를 형성하고 있다. 이 기운들이 수기(水氣), 금기(金氣), 화기(火氣), 목기(木氣), 토기(土氣)이고, 이 수(水)·금(金)·화(火)·목(木)·토(土)를 오행(五行)이라고 한다.

　인간의 삶이라는 게 무척 고단하고, 아무리 높고 귀해져도 결국 허망해서 변하고 늙고 죽지 않는 것이 없다. 제아무리 위대한 듯 보이는 것도 종국엔 다 허물어지고 만다. 그런데 유일하게 질서정연하고 변함없는 것이 있다. 우주적 운행질서, 바로 별자리이다. 하늘의 별자리는 자기들끼리 엄정한 질서를 형성하여 제철이 되면 어김없이 정해진 그대로 운행한다. 누구나 무한한 하늘을 바라보고 있는 그 순간만은 경건해진다. 그런데 별자리를 찬찬히 보고 있노라면 거기에 중심이 되는 다섯 개의 별이 있음을 알 수 있다. 그게 바로 화성, 수성, 목성, 금성, 토성이다. 이 혹성들의 궤도를 그려보면 다른 별들은 다 제 길 따라 움직이는데 이것들은 이리 갔다 저리 갔다 하며 아주 난리법석을 친다. 그러니까 저 별들이 뭔가 대단히 중요한 별이구나, 사람의 운명과도 큰 관계가 있겠구나 하는 생각을 자연스럽게 했던 것이다.

태양이 중심에 있고 지구가 태양을 중심축으로 삼아 1년에 한 번 공전하는데, 얼마쯤 와 있는가에 따라 봄, 여름, 가을, 겨울이 정해진다. 그래서 옛 사람들은 동쪽은 봄, 남쪽은 여름, 서쪽은 가을, 북쪽은 겨울에 해당하는 것으로 보았다. 또 지구가 한 번 원운동을 해서 자전을 하면 하루가 간다. 그래서 동서남북을 하루에 빗대어 아침, 점심, 저녁, 밤 이렇게 배당하기도 한다.

오행에 맞추어 소리를 따져보면 궁상각치우가 되고, 색깔로 따져보면 동은 파랑, 남은 빨강, 서는 하양, 북은 검정, 중앙은 황색이다. 동물로 말하면 동쪽이 청룡, 서쪽이 백호 등이 되고, 사람 몸의 장기로 말하면 동은 간장, 남은 심장, 서는 폐장, 북은 신장, 중앙은 지라(脾)이다.

배당 \ 오행	목(木)	화(火)	토(土)	금(金)	수(水)
오계(五季)	춘(春)	하(夏)	장하(長夏 늦여름)	추(秋)	동(冬)
십간(十干)	갑을(甲乙)	병정(丙丁)	무기(戊己)	경신(庚辛)	임계(壬癸)
오방(五方)	동(東)	남(南)	중앙(中央)	서(西)	북(北)
오색(五色)	청(靑)	적(赤)	황(黃)	백(白)	흑(黑)
오음(五音)	각(角)	치(徵)	궁(宮)	상(商)	우(羽)
오수(五數)	8	7	5	9	6
오상(五常)	인(仁)	예(禮)	신(信)	의(義)	지(智)
오장(五臟)	간(肝)	심(心)	비(脾)	폐(肺)	신(腎)
오부(五腑)	담(膽)	소장(小腸)	위장(胃腸)	대장(大腸)	방광(膀胱)
오미(五味)	산(酸)	고(苦)	감(甘)	신(辛)	함(鹹)

오행의 여러 의미

우리 전통문화의 모든 체계는 오행과 결부되어 있다. 그런데 이 오행은 공간과 시간을 가리킬 뿐만 아니라 인간 도덕성의 기준이 되기도 한다. 서울의 동서남북 4대문의 이름이 오행, 즉 목·화·토·금·수에 따라 지어진 것에서 이를 간략히 살펴보자.

오행에서 목(木)은 공간적으로 동쪽에 해당되며, 계절적(시간적)으로는 봄을 나타낸다. 봄이 되면 눈이 녹고 보슬비가 내리고 햇볕이 따스해지면서 만물이 모두 파릇파릇 새싹을 틔워 피어나고 자라난다. 봄은 이렇게 만물을 어질게 키워내기 때문에 도덕적으로 '어질다'(仁)고 말한다. 그래서 서울의 동쪽 문을 흥인지문(興仁之門)이라고 한다. 흥(興)은 '일으킨다', 즉 어진 덕을 일으킨다는 뜻이다. 그리고 흥인문이 아니라 '갈 지'(之)자를 넣어 흥인지문이 된 것은 서울의 내사산(內四山) 중 동쪽에 위치한 타락산(駝酪山)의 지세가 약하기 때문

흥인지문 전경

에 이를 보충하기 위해서이다. 그런데 왜 하필 '갈 지'(之)자를 넣었을까? 하늘에서 산을 보면 산은 '갈 지'(之)자 모양을 하고 있다. 따라서 풍수에서 '갈 지'(之)자는 산을 의미한다. 결국 관념적으로 산을 하나 더 만들어서 동쪽의 지세를 보완하는 것이다. 이는 현재 서울의 동쪽에 위치하고 있는 낙산의 원래 명칭이 타락산(駝酪山)이었다는 것에서도 알 수 있다. 타락(駝酪)은 우유를 말한다. TV연속극 〈대장금〉에서 임금님의 간식으로 우유로 끓인 타락죽이 자주 나왔다. 서울 동쪽의 좌청룡이 너무나도 허약하기에 젖이나 더 먹으라고 붙인 이름이 타락산(駝酪山)이다.

오행에서 화(火)는 공간적으로 남쪽에 해당되며, 계절적·시간적으로는 여름을 나타낸다. 여름이 되면 모든 초목이 아주 우거지고 부쩍 웃자라서 일시에 무성해진다. 늘 다니던 산길이 묻혀버릴 정도이다. 그러나 가만히 보면 제자리에서 정연한 질서를 이루며 자라나지, 함부로 남을 해치고 분수를 벗어나질 않는다. 이것은 도덕적으로 예(禮)가 있기 때문이다. 그래서 서울의 남쪽 문을 예를 높이는(崇) 숭례문(崇禮門)이라 했다. 그런데 숭례문의 현판은 다른 도성문과 달리 세로로 쓰여 있다. 이는 숭례문이 불의 산(火山)이라 일컬어지는 한양 남쪽 관악산의 화기(火氣)를 막기 위해서였다고 한다. 글씨를 세로로 길게 늘어뜨려 성문 밑을 막고 누르면 화기(火氣)가 들어오지 못할 것이라 믿었기 때문이다.

숭례문 현판

돈의문 전경(구한말)

숙정문 전경

　　오행에서 금(金)은 공간적으로 서쪽에 해당되며, 계절적·시간적으로는 가을을 나타낸다. 가을이 되어 찬 바람이 한 번 휙 불고 나면 잡초처럼 죽일 것은 누렇게 시들어 죽이고, 곡식이며 과일처럼 남길 것은 살뜰하게 남긴다. 이는 가을이 도덕적으로 의롭게 분별을 할 수 있기 때문이다. 그래서 가을에 의(義)를 배당해서 '의를 돈독케 한다'는 뜻으로 서쪽 문을 돈의문(敦義門)이라 하였다.

　　오행에서 수(水)는 공간적으로 북쪽에 해당되며, 계절적·시간적으로는 겨울을 나타낸다. 겨울이 되면 무척 춥다. 따라서 다음 해를 기약하려면 씨앗은 땅속에 묻혀 있어야 한다. 땅 위로 나돌아 다니다가는 그만 얼어 죽어서 다음해를 기약할 수 없다. 이는 도덕적으로 지혜로워야만 가능하다. 따라서 북쪽 문을 참 슬기롭다고 해서 원래는 '알 지'(智)자에다 '엄숙할 숙'(肅)자를 써서 숙지문(肅智門)이라 해야 한다. 그러나 이 지혜라는 것은, 씨앗이 땅속에 숨어 있는 지혜이고 밖으로 나대는 성질이 아닌 까닭에, 또 사람의 지혜도 인(仁), 의(義), 예(禮)처럼 겉으로 드러나는 것이 아니기 때문에, '지혜란 드러내지

보신각 전경

'않는다'는 생각에서, 처음엔 숙청문(肅淸門)이라 했다가 중종 때에 비로소 '고요하고 안정되어 있다'는 정(靖)자로 바꾸어, 숙정문(肅靖門)이라 하였다.

오행에서 토(土)는 공간적으로 중앙에 해당된다. 그런데 가운데에는 문을 세울 수가 없으므로 집을 세운다. 그 집에는 서울의 사대문을 열고 닫는 데 사용한 종이 있었다. 종은 아침에 33번, 저녁에 28번을 치며, 도성 안의 사람들은 이 종소리를 듣고 하루를 시작하고 마친다. 따라서 이 건물에서 나는 종소리는 정확한 시각에 쳐서 사람들에게 믿음(信)을 주어야 한다. 따라서 중앙에 있는 건물은 바로 '두루 보'(普)자에 '믿을 신'(信)자를 한 '보신각'(普信閣)이다.

보신각(普信閣)은 임진왜란 이전에는 종루(鍾樓)로 불리었다. 종로 네거리에 웅장한 누각을 세우고 종을 걸었던 것인데, 임진왜란 때 종루가 파괴되고 종도 여기저기 옮겨 다니는 액운을 겪은 후 그 위계와 규모를 크게 줄여 1619년(광해군 11) 4월에 종각(鐘閣)으로 만들었다. 이후 종각(鐘閣)으로 불리던 이 건물에 고종이 1895년 3월 15일 '보신각(普信閣)'이라는 현판을 내리면서 보신각이라는 이름이 붙게 되었다. 서울의 4대문에 인의예지(仁義禮智) 순으로 이름을 붙였던 고례(古例)에 따라 중앙을 뜻하는 신(信)을 쓴 것인데, 이로써 보신각은 서울의 공간적, 상징적 중심이 되었다. 그리고 1897년 대한제국을 선포한 이후에는 황제의 금고인 내탕(內帑)을 들여 만든 각종 시설, 건물들에는 대개 보(普)자가 붙기 시작했다. 3·1운동 때 독립선언서를 인쇄했던 보성사(普成社), 고려대학교의 전신인 보성학교(普成學校) 등을 들 수 있다.

서울의 사대문을 닫을 때 보신각에서 쳤던 28번의 타종 횟수 또한 우주의 원리가 함축된 도상화된 수다. 옛 동양의 천문관에 의하면

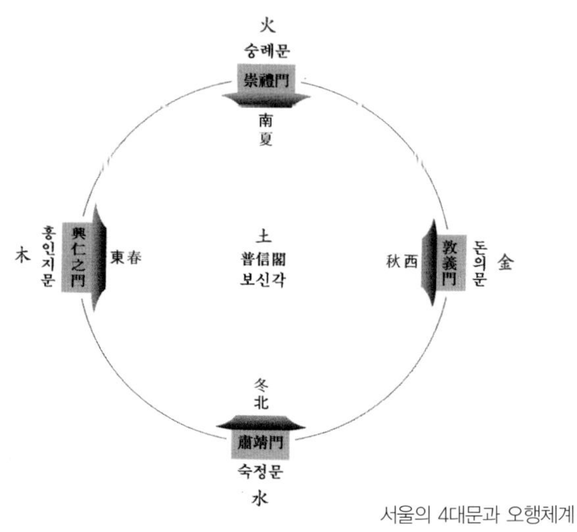

서울의 4대문과 오행체계

태양이 1년 동안 12궁(宮)이라는 별자리를 옮겨 가는데, 그 길을 황도(黃道)라 했고, 달의 공전 궤도를 백도(白道)라 했다. 달이 가는 길목에는 28수(宿)라고 하여 28개의 별자리가 있는데, 동쪽으로 도는 순으로 각(角)·항(亢)·저(氐)·방(房)·심(心)·미(尾)·기(箕)의 7개에 이어서, 두(斗)·우(牛)·여(女)·허(虛)·위(危)·실(室)·벽(壁)의 7개, 그리고 규(奎)·누(婁)·위(胃)·묘(昴)·필(畢)·자(觜)·삼(參)의 7개, 끝으로 정(井)·귀(鬼)·유(柳)·성(星)·장(張)·익(翼)·진(軫)이 있다. 그리고 각 7개의 별자리는 각각 청룡·현무·백호·주작으로 4분되어 각각 동방·북방·서방·남방의 일곱 별자리라고 불린다. 28이라는 수는 결국 28개의 별자리, 또는 그 운행을 의미하는 수임을 알 수 있다.

그러면 보신각에서 사대문을 열 때 치는 33번의 타종 횟수는 어디에 근거한 것일까? 이는 천원지방(天圓地方)이라는 우주관, 즉 동

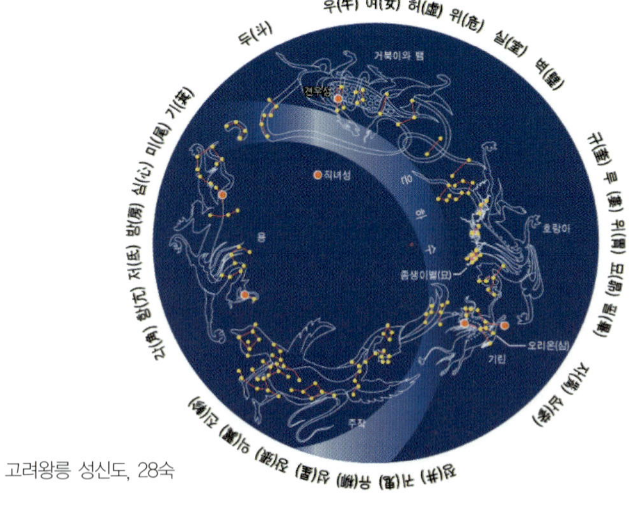

고려왕릉 성신도, 28숙

서남북 사방에 각각 8개의 천이 있고, 그 천 전체를 관장하는 중심 하늘을 합쳐서 33개의 천이 있다는 우주관과 관련이 있다. 일설에는 불교의 우주관에서 말하는 욕계(欲界) 제2천(天)인 33천(天)에서 나온 것이라는 견해가 있다. 그런데 33천이라는 것은 불교의 우주관에서 말하는 많은 천 가운데 지상에 머무는 지거천(地居天)에 불과할 뿐 우주 전체를 포괄하는 수는 아니다. 또한 33이 불교의 33관세음보살을 상징하는 수라는 견해도 있으나 이것은 일고의 가치도 없는 것이다.

33천

　우리나라를 포함한 옛 동양 사람들에게 모든 것을 생산하고 주재하는 것은 바로 천(天)이었다. 모든 생산의 기초를 천에 두고, 이를 발육시키는 것이 지(地)이며 천과 지의 합한 힘에 의해서 모든 것이 생육되고 완성된다고 보았던 것이다. 천문(天文)은 인문(人文)에 대응하는 하늘이 질서이고, 인간은 구성원으로 그 하늘의 질서에 참여할 수밖에 없다. 또한 하늘의 권위는 인간의 역사와 생사에 깊숙이 관여한다고 생각했다.

　천은 말하지 않으나 표상을 내려서 모든 사람들을 가르친다. 그 표상은 33번과 28번의 종소리로 온 누리에 퍼져 나가는 것이다. 종에서 울려 퍼지는 하늘의 소리에 따라서 땅에서는 인의(仁義)와 교화(敎化)의 문이 열리고 닫힌다. 그리고 그 배후에는, 사람은 하늘이 내린 존재로서 그 근원을 하늘에 두어야 한다는 믿음과 사람은 하늘(宇宙)의 법칙에 따르지 않으면 안 된다고 생각한 옛 조상들의 천명관(天命觀)과 천인합일사상이 자리 잡고 있다.

2. 오행의 상생과 상극

오행을 각각 독립된 상태로 이해하기는 어렵지 않다. 하지만 이들 사이에는 좋아하는 관계도 있고, 서로 싫어하는 관계도 있다. 좋아하는 관계를 오행의 상생, 싫어하는 관계를 오행의 상극이라 한다.

1) 오행의 상생

상생(相生)의 생(生)에는 자생(資生)·조장(助長)한다는 뜻이 들어 있다. 따라서 상생은 기본적으로 서로 보호하고 도와주고 사랑하는 관계이다. 위의 표에서 보듯이 서로 이웃하고 있는 오행은 상생의 관계이다. 이를 보다 알기 쉽게 표현하면 다음과 같다.

> ㉠ 목생화(木生火) : 목(木)은 화(火)를 생한다. 나무가 타야 불이 켜진다.
>
> ㉡ 화생토(火生土) : 화(火)는 토(土)를 생한다. 나무가 불에 타고 남은 재가 흙이 된다.
>
> ㉢ 토생금(土生金) : 토(土)는 금(金)을 생한다. 흙이 모여 단단한

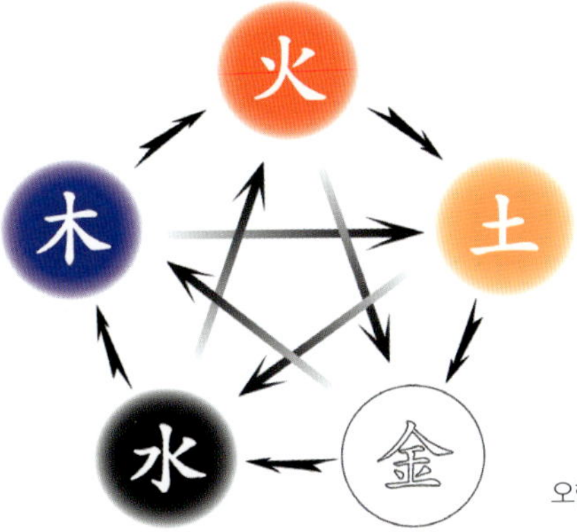

오행상생상극표

바위나 금속이 된다.

㉣ 금생수(金生水) : 금(金)은 수(水)를 생한다. 단단한 바위틈에서 물이 나온다.

㉤ 수생목(水生木) : 수(水)는 목(木)을 생한다. 물은 나무를 자라게 한다.

2) 오행의 상극

상극(相克)에는 억제·제약한다는 뜻이 들어 있다. 따라서 상극은 기본적으로 서로 미워하고 다투고 억압하는 관계이다.

앞의 표에서 보듯이 하나 건너뛴 오행, 즉 목(木)과 토(土), 화(火)와 금(金), 토(土)와 수(水), 금(金)과 목(木), 수(水)와 화(火)는 상극의 관계이다. 이를 보다 알기 쉽게 표현하면 다음과 같다.

㉠ 목극토(木剋土) : 목(木)은 토(土)를 극한다. 나무는 흙에 뿌리를 내리고 흙을 괴롭힌다.

ⓛ 화극금(火剋金) : 화(火)는 금(金)을 극한다. 불은 쇠를 녹인다.

ⓒ 토극수(土剋水) : 토(土)는 수(水)를 극한다. 흙은 물의 흐름을
  막는다.

ⓔ 금극목(金剋木) : 금(金)은 목(木)을 극한다. 쇠는 나무를 자른다.

ⓜ 수극화(水剋火) : 수(水)는 화(火)를 극한다. 물은 불을 끈다.

3. 우리 역사 속의 오행상생설

우리 역사에 오행론이 등장한 것은 삼국시대부터인 것으로 알려져 있
다. 이를 우선 백제의 예에서 살펴보자. 백제에 오행사상이 널리 보급
되어 있었음은 『삼국사기』에 기록된 단편적인 기사를 통해서 알 수
있다. 온조왕은 13년(B.C. 6)에 강역을 표시할 때 북쪽은 패하(浿河, 예
성강)에 이르고, 남쪽은 웅천(熊川, 안성천)에 미치고, 서쪽은 큰 바다
에 접하고, 동쪽은 주양(走壤, 춘천)을 한계로 했다고 한 것에서 보듯
지배영역을 사방사지(四方四至)로 표현하는 사분관적(四分觀的) 의식
을 갖고 있었다. 여기에 중앙을 합치면 5부가 된다. 중앙과 사방을 합
쳐 5부로 하는 조직은 오행사상의 수용과도 연관된다. 왕의 복색을
보면 포(袍)는 자색(紫色)이고, 바지색은 청색(青色)이고, 관(冠)의 장
식은 황색(黃色)이고, 허리띠(帶)의 색은 백색(白色)이고, 신발의 색은
흑색(黑色)이었다. 이는 오행사상에 의해 복색이 정해진 것을 보여준
다. 비류왕 17년(320)에 왕은 궁궐 서쪽에 활을 쏘는 돈대를 쌓고 매월
초하루와 보름에 활쏘기를 익혔다고 한다. 또한 아신왕 7년(398)에도

왕도의 사람들을 모아 서쪽 돈대에서 활쏘기를 익히게 하였다고 한다. 비류왕과 아신왕 때 활 쏘는 장소가 서쪽이라는 점이 주목된다.

서쪽은 오행 중 '금'(金)이자 계절로는 가을에 해당된다. 그리고 가을은 죽이는 계절이기 때문에 '무'(武)를 나타낸다. 한편 동쪽은 오행 중 '목'(木)으로 계절로는 봄에 해당되며, '문'(文)을 나타낸다. 따라서 비류왕 이후 활쏘기가 서쪽에서 진행되고 있는 것은 오행사상의 영향이라 해석할 수 있는 것이다. 근초고왕은 24년(369) 9월에 황해도 치양에서 고구려 군사 2만 명을 패퇴시키고 난 다음 이를 기념하여 11월에 한수 남쪽에서 군사를 사열하면서 군사들의 깃발을 모두 황색으로 통일하여 사용하였다. 황색은 오행론에서 중앙을 나타내는 색이다. 한편 『일본서기』에 의하면 무령왕(武寧王, 501~523) 대에는 오경박사(五經博士)와 아울러 역박사(易博士)·역박사(曆博士) 등이 있었던 것으로 기록되어 있으며, 무왕 3년(602) 삼론종(三論宗)의 승려인 관륵(觀勒)이 역본(曆本)과 천문지리서(天文地理書) 및 둔갑방술서(遁甲方術書) 등을 가지고 왜(倭)에 갔었다는 것을 보아 자연계의 변화나 해(日)·달(月)·별(星)의 이변을 가지고 음양오행설에 기초하여 인간사회의 길흉(吉凶)을 예견하는 역법(曆法)이나 점성(占星)의 전문가가 있었고, 또 그에 관한 서적들이 상당히 유행했던 것을 알 수 있다. 또한 『주서』 백제전에 의하면 백제에서는 음양오행(陰陽五行)을 이해하였고, 송(宋)나라 원가력(元嘉曆)을 채용하여 인월(寅月)을 해의 으뜸으로 삼았으며, 의약(醫藥)과 점괘, 점상(占相)의 기술을 이해하였다고 되어 있다.

그렇다면 우리 역사에서 오행상생설은 언제 처음 등장했을까? 그

단서는 『삼국사기』에서 찾아 볼 수 있다.

신라 사람들이 스스로 이르기를 "소호금천씨(少昊金天氏)의 후예이므로 성을 김(金)이라 한다"고 하였으며, 유신의 비에도 "헌원(軒轅)의 후예요 소호의 자손이다" 하였으니, 남가야(南加耶)의 시조 수로와 신라는 같은 성씨였다.

위 기사에서 신라인들은 소호금천씨(少昊金天氏)의 후예임을 주장하고 있다. 『삼국사기』에 수록된 김유신전은 그의 현손(玄孫)인 장청(長淸)이 지은 『김유신행록(金庾信行錄)』 10권을 『삼국사기』 편찬 때에 요약한 것이다. 때문에 신라시대의 자료로서 신빙성이 상당히 큰 것으로 평가된다. 위 기록에 따라 우리는 신라인이 삼국 통일 이후에 자신들이 소호금천씨(少昊金天氏)의 후예라고 믿었음을 알 수 있다. 그러나 신라에서 김(金)을 성씨로 사용한 것은 김알지(金閼智)의 탄생 설화에서 비롯되었고, 소호금천씨는 중국 고대 전설상의 제왕으로서 오행상생설에 의해 금덕(金德)에 배당되는 인물이다.

그런데 중국 고대 전설상의 제왕이 신라의 시조로 받들렸던 것은 신라가 금덕을 표방하여 왕실을 선양한 것과 무관하지 않다. 이는 신라 왕실이 고구려, 백제 멸망 이후 한반도의 패자로서 통치의 당위성과 왕실의 위엄을 강화하기 위해 만들어낸 전설이라 할 수 있다. 비록 김을 성씨로 사용한 것은 이전부터 있어왔다고 하더라도, 왕실이 소호금천씨와 연결됨으로써 고구려와 백제를 멸망시킬 수 있었다는 것이다. 따라서 소호금천씨의 자손이 살고 있는 수도를 금성(金城)이라

칭하고, 금행(金行)에 응하는 수인 9를 성수(聖數)로 숭배하여 전국을 9주(州)로 편제한 것도 당연하다 하겠다.

　한편 고려는 오행상생설에 의거하여 신라의 금덕(金德)에 대항하는 수덕(水德)을 내세워, 연호(年號)를 수덕만세(水德萬歲)라 하였다. 또한 수행(水行)에 응하는 수인 6이 성수로서 숭상되어 문무백관의 복색(服色) 등을 흑색(黑色)으로 통일하였고, 전국을 초기에는 6의 배수인 12목(牧)으로 나누었다가 5도(道) 양계(兩界)로 개편하였다.

　고려를 무너뜨리고 성립한 조선에서는 보다 합리적인 성리학적 이념을 내세우면서 고대적인 사유방식이 크게 감퇴되었다. 따라서 음양오행설이 미치는 영향도 상대적으로 축소되었다. 그러나 지방사회에 침전되어 일반 백성들의 신념체계가 된 음양오행설이 새 왕조의 국가 기반을 일반 백성에 확대하려는 역성혁명세력에게 완전히 무시될 수는 없는 것이었다. 따라서 조선도 오행상생설에 의하여 목덕(木德)을 역성혁명원리로 채용하여 역성혁명의 타당성을 주장하였다. 그리고 목의 수인 8이 성수로 숭상되어 지방을 8도(道)로 나누었다. 또한 문무백관의 복색(服色)은 붉은색과 파란색 두 종류로 나뉘었다. 붉은색 복색은 국무위원급인 당상관(堂上官)을, 파란색 복색은 실무행정을 담당하는 당하관(堂下官)을 나타낸다. 이는 당하관은 당상관을 보호하고 도와주어야 하며, 당상관은 당하관의 도움을 받아서 노란색으로 상징되는 왕(王)이 국정을 원활하게 운영할 수 있도록 보필하여야 한다는 것을 나타낸다. 이처럼 통일신라 이후 오행상생설은 지대한 영향력을 행사하며 우리 역사에 면면히 이어졌음을 알 수 있다.

고대 사람들은 무엇을 입고, 먹고, 어디에서 살았을까? 우리가 역사를 접하면서 늘 궁금해 하지만, 확실히 알지 못하는 부분의 하나이다. 고대사 연구에서 자료의 영성함은 항상 부딪히는 어려움이지만, 특히 생활사 부문에서 더욱 심한 편이다. 그렇지만 문헌사료에서 간간이 보이는 단편적인 내용과 함께, 최근 활발한 고고학 발굴성과를 통해 고대 사람들의 의식주 생활을 살펴볼 수 있다.

구석기시대 사람들은 나뭇잎이나 동물가죽으로 옷을 해 입고 동굴에서 살면서 식물 열매를 따먹거나 동물을 잡아먹었다. 신석기ㆍ청동기시대를 거치면서 농경이 시작

2장

고대인의 삶의 밑바탕, 의식주

되고 성착생활을 하면서 베를 짜서 옷을 해 입으며 살았다. 이러한 삶의 방식이 발전하여 삼국시대로 이어지게 되었던 것이다. 그러면 삼국시대 사람들의 삶은 이전과 어떻게 다르며, 오늘날과 비교하면 어떤 점에서 차이가 날까? 그리고 인간의 삶에서 늘 동일하게 지속되는 부분은 또 어떤 것일까?

다른 한편, 동일한 시대 내에서도 계급에 따라 의식주의 내용은 큰 차이를 보인다. 모든 사람들이 같은 수준의 의식주를 향유하지는 않았던 것이다. 생존의 위협에서 늘 허덕이던 일반민과 달리 지배계급의 의식주 사치는 항상 극에 다다랐다.

Ⅰ. 의(衣)생활

1. 구석기시대

우리나라 구석기시대 유적에서는 의복과 관련된 자료가 전혀 발견되지 않아 의생활의 모습을 알 수 없다. 그러나 사람들이 어떻게 살아왔는가를 밝혀주는 인류학의 연구성과를 볼 때, 구석기인들은 나뭇잎과 나무껍질, 그리고 짐승의 가죽이나 털로 몸을 가리고 추위로부터 몸을 보호했으리라 짐작된다. 구석기인들은 동서양을 막론하고 옷감을 짜서 입기보다는 여름에는 나체로, 추운 겨울에는 자연산 가죽 등을 걸치고 다녔을 것이다.

2. 신석기시대

신석기시대에 접어들어 환경이 변하고 의식이 진화하면서 의생활에도 획기적인 변화가 일어났다. 평안남도 온천군 궁산리 유적에서 나

방추차

신석기시대 뼈바늘

온 삼 껍질로 만든 실이나 함경북도 웅기 굴포리 서포항 유적에서 발견된 뼈바늘과 바늘통은 신석기인들의 의생활의 단편을 엿볼 수 있게 해 준다.

신석기인들은 처음에는 뼈바늘을 써서 나무껍질이나 짐승의 가죽을 꿰매어 옷을 만들어 입었을 것이다. 그러다 차츰 기술이 발달하여 돌이나 흙으로 만든 가락바퀴(방추차)를 이용하여 짐승의 털이나 삼 등의 재료에서 실을 자아내고, 이것으로 옷감을 짜서 옷을 만들어 입었을 것으로 여겨진다. 그들은 동물의 어금니, 조개껍질, 구슬로 만든 꾸미개로 옷을 치장하기도 하였다.

3. 청동기시대—직물의 흔적

청동기시대 사람들이 어떤 옷을 입었는지는 실물이 남아 있지 않아 정확히 알 수 없다. 다만 신석기시대와 비슷한 형태의 가락바퀴가 청

청동거울을 쌌던 섬유

동기시대 대부분의 무덤에서 출토되고 있고, 베틀이 발견되는 것으로 보아 옷 만드는 기술이 더욱 발달하였음을 알 수 있다.

청동기시대 의생활의 흔적은 여러 곳에서 확인된다. 부여 사람들이 살던 곳에서는 양털과 개털을 이용한 직물이 발견되었고, 두만강 유역에서는 청동 구슬에 꿰어 있는 삼베가 발견되기도 하였다. 이것은 우리의 고대국가를 이룩한 예맥(濊貊)인들이 이미 원시적인 방직을 했고, 상층계급에서는 짐승의 털이나 가죽, 섬유를 이용해서 옷을 해 입었다는 사실을 말해준다. 이처럼 청동기시대에 권력과 경제력을 크게 확보할 수 있었던 족장이나 그의 가족들은 권위를 표시하기 위해 의복을 갖추었을 것으로 짐작된다.

4. 삼국시대 초기(1~3세기)

청동기시대 이래 국가가 성립되는 단계에 오면, 지역과 종족에 따라 차이는 있겠지만 일반민들도 위아래 의복을 갖춰 입는 정도에 이르렀다. 따라서 이 시기에 우리 민족도 고유의 의생활 풍습을 형성한 것으로 보인다.

우리 옷의 처음 모습에 대해서는 실물이 없어 명확한 상을 그리기가 어렵다. 다만 짐승의 가죽을 이용하지 않았을까 한다. 문헌에 의

하면 부여의 대인(大人)들은 여우나 담비 가죽으로 만든 가죽옷을 즐겨 입었다고 한다. 제주도로 추정되는 주호국(州胡國)에서도 가죽옷을 입었는데, 윗옷만 있고 아래옷은 없어서 마치 벗은 듯하였다고 전한다. 이러한 풍습은 북방 읍루(挹婁)족의 경우에도 동일하였다. 따라서 단편적인 자료들을 종합해 보면 우리 민족이 처음 지어 입은 옷은 완전한 옷이라기보다는 아마도 동물의 가죽을 원상태 그대로 이용하여 몸을 덮고 목과 팔, 다리가 나오게 하는 형태였을 것이다.

이러한 단계를 거쳐 점차 사람들의 지성이 발달하고 생활 형태도 대부분 농경생활로 정착되면서 의복 재료도 가죽에서 섬유로 바뀌는 능 변화가 일어났을 것이다. 그리하여 삼국시대가 시작될 무렵이면 이미 상당히 발달된 단계의 복식이 형성되었을 것이다. 그 형태는 중국의 원피스 스타일과는 달리 상·하의가 분리된 구조여서 꽤 활동적인 의생활 풍습을 갖게 되었다.

직조용 바디와 바디 세부

말·호랑이 모양 띠고리

청동단추

5. 삼국시대 중기 이후

삼국시대에 확립된 우리 민족의 고유한 의상을 보면 상의로는 엉덩이를 덮는 긴 저고리, 하의로는 약간 헐렁하며 발목 부분을 매는 바지를 입었다. 그리고 머리에는 관모(冠帽)를 쓰고 허리에는 띠를 매어 고정하며, 발에는 신을 착용하여 몸을 완전히 감싸는 형태를 하고 있다. 띠는 옷이 몸에 잘 붙어 활동하기 편하도록 하는 것인데, 그것을 여러 가지 색깔의 천과 가죽 혹은 금속으로 만들어 맴으로써 옷맵시를 아름답고 단정하게 꾸미는 효과를 냈다. 이처럼 우리 옷은 실용과 장식성을 겸비하고 있었다.

당나라 장회태자묘 벽화의 신라 복식

바지의 경우도 원래는 북방계 민족의 옷으로 통이 좁았으나 다양하게 변용되어 남녀 모두 즐겨 입었다. 고분벽화에 등장하는 여자들이 일상복으로 바지를 많이 착용한 사실은 그것이 고대의 보편적인 풍속이었음을 말해준다.

게다가 우리 옷은 옷자락을 여밀 때 오른쪽 자락이 왼쪽 자락을 덮은 왼쪽여밈이 고유한 형태인데, 이 점도 활동적이고 실용적인 북방 유목민계 양식이다.

당시 중국 옷은 위아래가 원피스처럼 통옷이고 오른쪽여밈을 하였다. 『논어』에서는 이러한 여밈의 차이가 중화(華)와 오랑캐(夷)를

각저총 남녀 복식

구별하는 징표라고까지 하였다. 중국과 다른 우리의 복식 형태는 우리 민족의 형성 및 생활문화의 많은 부분이 북방 유목민에 원류를 두고 있음을 반증하는 좋은 사례이다.

각저총 복식 복원 모습

1. 구석기시대와 그 이전

원숭이와 비슷하게 생긴 인류의 조상은 약육강식의 자연세계에서 매우 나약한 존재였을 것이다. 그래서 백화점 지하 식품매장처럼 먹을거리가 풍부하던 밀림에서 황량한 초원지대로 쫓겨날 수밖에 없었다. 그들은 드넓은 초원에서 살아남기 위해 맹수들의 접근을 미리 알아차려야 했다. 수시로 허리를 펴서 몸을 세우고 사방을 둘러볼 수밖에 없었다. 직립보행이 시작되는 순간이었다.

다른 한편 먹을 것이라고는 풀뿌리와 작은 벌레밖에 없는 초원이었기에 먹고 살기 위해서 작은 물체를 잡는 데 앞발을 자주 놀려야 했고, 급기야 앞발이 손으로 발달하게 되었다. 음식은 인간이 진화하는 데 가장 큰 기여를 하였던 것이다.

시간이 흐르면서 인간은 자연에 널려 있는 음식을 줍거나 따먹는 데서 한걸음 더 나아가게 되었다. 돌이나 나무로 된 도구를 만들면서부터 자기보다 날쌔고 힘센 동물을 잡을 수 있게 된 것이다. 최초의 도구 사용자인 구석기인들은 돌도끼, 돌창 등을 이용하여 노루, 사슴 등 작은 동물 뿐 아니라 맘모스, 코끼리, 곰 등 큰 동물도 사냥하였다. 이는 구석기시대 유적에서 발견된 동물의 뼈에서 확인된다.

2. 신석기시대

신석기시대에 들어오면서 경제생활에 근본적인 변화가 생겼다. 단순히 산과 들에 자라는 식물을 채집하는 것이 아니라 농사를 짓기 시작하였던 것이다. 흔히 '신석기혁명'이라고 부르는 농경은 인간생활을 근본적으로 바꿔놓았다. 우선 씨를 뿌리고 이를 돌보면서 수확하기 위해서는 떠돌이생활을 그만두고 한 곳에 정착해야 했다. 그리하여 마을이 생겨나게 되었다.

그러나 이 시기에는 농업 기술이 미비하여 농경에서 얻어지는 수확이 보잘 것 없었으므로, 여전히 수렵과 채집을 통해 먹는 문제를 해결해야 했다. 따라서 당시의 농경은 채집과 마찬가지로 여자들이 주로 담당하였다. 이를 우리는 원시농경이라 한다.

농경에 익숙해지면서 수확이 안정되자 인구도 급격히 늘어났다. 다만 우리나라의 경우는 신석기시대가 시작되고 한참 뒤에 농경이 시작되었다. 가장 이른 시기의 신석기시대 유적인 강원도 양양군 오산리의 바닷가 유적에서도 농경의 직접적인 증거는 발견되지 않았다. 낚싯바늘과 그물추가 나오는 것으로 보아 여기 살던 사람들은 고기잡이에 크게 의존하였던 것 같다.

갈돌과 갈판

또한 서울 암사동 유적에서는 도토리가 발견되었다. 당시 널리 먹은 메뉴 중 하나가 도토리였다. 도토리는 주변의 산에 올라가면 쉽게 구할 수 있어서, 특별한 노력을 기울이지 않고도 배를 불릴 수 있었다. 그러나 도토리는 탄닌이 많아 떫은 맛이 있기 때문에 재와 풀로 싸서 모래에 묻어 두거나 물속에 담가두는 방식으로 떫은 맛을 없앴다. 당시 유적에서 많이 출토되는 갈판과 갈돌은 도토리 등의 껍질을 까는 데 없어서는 안 되는 중요한 도구였다.

탄화된 쌀(강릉 교동)   탄화된 쌀(부여 송곡리)   콩(울산 다운동)

팥(춘천 전전리)   팥(진주 옥방)   조와 수수(진주 옥방)   보리(진주 옥방)

농경의 확실한 증거는 역시 탄화된 곡물이다. 충북 옥천 대천리에서는 벼 껍질·탄화된 쌀·보리·조 등이 발견되었다. 평양 남경 유적의 신석기문화층에서도 조가 발견되고 있어서 잡곡이 주로 재배되었음을 알 수 있다. 농기구도 종종 발견된다. 평남 온천군 궁산리에서는 사슴뿔로 만든 괭이, 짐승의 이빨로 만든 낫 등이 발견되었다.

신석기시대에 들어서 식생활에 가장 큰 변화를 가져온 요인은 토기의 제작과 사용이었다. 이제 인간은 짐승의 고기나 야채를 삶아 먹을 수 있게 되었고, 추운 날씨에 뜨거운 국물을 마실 수도 있게 되었다. 이렇듯 토기는 음식물을 보관하고 다양하게 조리하는 데 획기적인 가능성을 열어주었던 것이다.

바닷가에 사는 사람들은 조개나 굴을 즐겨 먹었다. 조개나 굴은 껍질이 딱딱하고 까기도 번거로운 단점이 있었다. 그러나 조개는 일년 내내 언제라도 쉽게 구할 수 있었고, 사람이 살아가는 데 꼭 필요한 염분을 제공해주었을 뿐만 아니라, 영양가가 높다는 장점이 있었다. 당시 사람들이 먹고 버린 굴이나 조개의 껍데기 쓰레기장이 바로 조개무지이다.

바닷가 조개무지 유적에서 발견되는 뼈로 만든 작살, 흙을 구워 만든 그물추 등은 모두 고기잡이에 쓰인 것들이다. 잡아 먹던 물고기의 종류도 오늘날과 거의 같았을 것이다. 그런데 돌로 만든 창이나 화살촉도 자

하동 목도 조개무지 단면

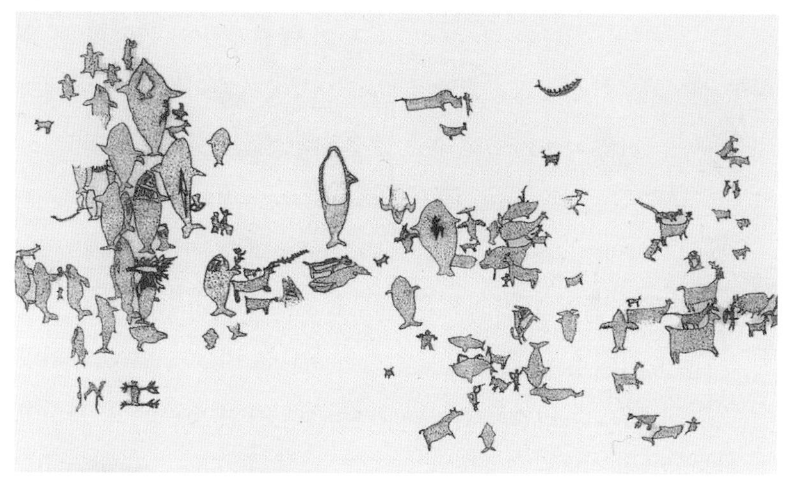

울주 반구대 암각화 중 고래 떼와 사슴 떼

주 발견되는 것으로 보아 아직 사냥이 중요한 비중을 차지하였음을 알 수 있다.

울주 반구대에 있는 커다란 바위에는 당시 사냥하였던 여러 짐승들이 새겨져 있다. 고래, 바다거북, 물개, 사슴, 호랑이, 멧돼지, 개 등의 짐승, 그리고 이들을 사냥하는 데 쓰였던 그물, 배, 작살 등과 함께 울타리가 자세히 묘사되어 있다. 여기에 그려진 그림들은 더 많은 사냥감이 잡히기를 기원하는 바람과 함께, 자라나는 젊은 세대에게 사냥하는 방법을 가르치기 위하여 그린 것이다.

3. 청동기시대

청동기시대에 들어서면서 잡곡 농사가 보다 보편화되었으며 종류도 다양해졌다. 아울러 벼농사가 행해지면서 본격적인 농경사회를 형성하게 된다. 특히 북부지방의 집자리 유적에서 콩·팥·조·기장·수수 등의 실물이 발견되는 경우가 종종 있다. 청동기시대 유적에서 쌀이 발견된 경우는 여주 흔암리, 부여 송국리 유적 등이다. 토기 바닥에 볍씨 흔적이 남아 있는 경우도 있으며, 실제 벼농사를 짓던 논이 충청남도 논산 마전리와 경상남도 울산 옥현 등에서 확인된 바 있다.

당시의 논은 나지막한 구릉 사이의 계곡에 형성된 충적지에 위치하고 있다. 형태는 긴 네모꼴 또는 네모꼴이며, 10㎡ 내외로 규모는 매우 작은 편이다. 쌀은 다른 곡식보다 맛이 좋을 뿐만 아니라 낟알도 크고 생산성이 높다. 그러나 벼농사를 짓는 데는 따뜻한 기후와 충분한 물, 그리고 농업기술 등이 뒷받침되어야 하는 어려움이 있다.

논산 마전리 수전 유적과 복원도

신석시시대 이래의 사냥·채집·어로도 계속 이루어지고 있었다. 당시 유적에서 멧돼지·노루·사슴 뼈가 나오는 것이 이를 말해준다. 그러나 언제부터인가 가축사육도 상당히 진척되고 있었던 것 같다. 그 결과 지금도 가축으로 키우는 많은 동물들, 즉 소·말·개·돼지·양·닭 등의 사육이 차츰 늘어갔다. 지금의 우리와 기본적으로 큰 차이가 없는 식생활을 누리게 되었던 것이다.

이와 같이 수렵과 채집으로 식량을 조달하는 것은 구석기시대에 이어 농경이 본격적으로 시작된 신석기, 청동기, 그리고 삼국시대까지도 계속되었다.

4. 삼국시대

쌀은 다른 곡물에 비해 영양가가 우수하고 단위면적당 수확량도 많아서 많은 인구를 부양하는 데는 더할 나위 없이 훌륭한 곡물이다. 그러나 『삼국사기』를 보면 삼국시대 초기에는 쌀에 대한 기록은 보이지 않고, 자연재해로 피해를 입은 콩과 보리에 대한 기록이 자주 보인다. 당시에는 쌀보다 콩과 보리를 많이 심었던 것이다. 일반적으로 기장이나 콩은 보리나 벼에 비하여 수분을 많이 필요로 하지 않아 일찍부터 밭농사의 주요 작물로 재배되었다. 특히 콩은 재배하기 쉽고 가뭄에 잘 견디므로 고대사회에서 주식으로 널리 이용되었다. 보리는 다른 밭작물에 비해 짧은 기간에 자라고 가뭄에 잘 견디며 늦어도 6월이면 추수할 수 있는 이점 때문에 빠른 속도로 밭농사에 보급되었다.

이런 이유로 삼국시대 초기까지도 콩과 보리를 주로 먹었던 것으로 보인다.

그러나 6세기 이후의 주곡은 콩과 보리에서 벼로 바뀌어 나간 것으로 보인다. 저수지 등 수리관개시설의 확충과 철제농기구 및 소갈이(우경)의 보급으로 수분을 많이 필요로 하는 벼를 더 많이 재배할 수 있게 되었다. 이후 우박으로 벼가 피해를 입었다거나 고리대의 곡식으로 벼를 내었다는 기록들이 자주 보이는 것이 이를 말해준다. 한편 소갈이의 실시는 농업 생산성에 엄청난 변화를 가져다주었나. 소로 밭을 갈게 되면 토양이 부드러워지고, 통기가 잘 되어 많은 미생물을 품게 된다. 따라서 토질이 개선되고 비료를 더 많이 줄 수 있어 생산성이 크게 높아진다.

사람이 밭을 가는 장면

소가 밭을 가는 장면

벼농사가 점차 일반화되기 시작했지만 모든 사람들이 쌀밥으로 배를 채울 수 있었던 것은 아니다. 일반 백성들은 벼농사를 짓더라도 국가나 귀족들에게 바치고, 자신들은 주로 보리, 콩 등의 잡곡과 도토리 등으로 굶주린 배를 채웠다.

한편 벼농사는 기후와 지형적인 요인에 크게 좌우되었다. 고구려는 산이 험하고 평균기온이 낮아서 벼농사에 적합하지 않았기 때문에 밭농사가 가능한 조, 콩, 수수 등을 주식으로 하였다. 그러나 부지런히 농사를 지어도 식량이 충분하지 않았기 때문에 이웃 나라를 공격하여 곡물을 약탈하는 일이 자주 발생하였다. 이에 반해 남부 지방은 토지가 비옥하여 오곡과 벼를 심기에 적합하였다.

인간은 불을 이용하게 된 이후 음식을 익혀 먹었다. 처음에는 불로 직접 음식을 익혀먹었다(直火). 그러다가 불에 직접 구웠을 때 음식물이 쉽게 그을리는 것을 막기 위하여, 구덩이에 가열된 돌과 함께

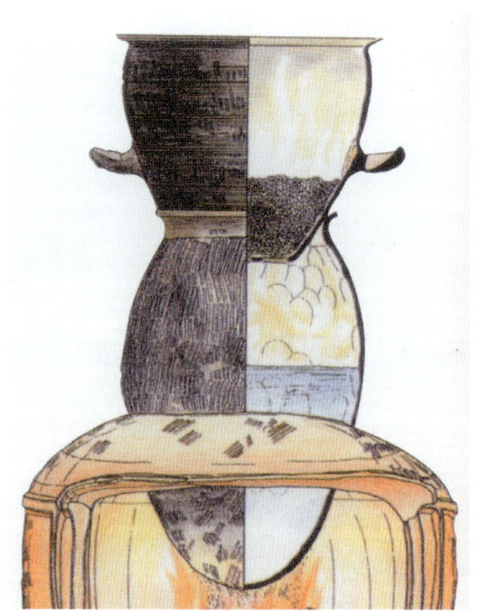

시루에 음식을 찌는 원리

철솥

시루

음식물을 넣은 다음 식물의 껍질로 그 위를 덮어 열로 음식을 익히게 되었다. 그 후 토기가 등장하자 이제는 물로 삶는 요리가 가능해졌다. 그러나 이 경우에도 음식물이 토기에 달라붙는 불편함이 있었다. 이 때는 곡식을 물과 함께 끓여서 죽처럼 만들어 먹었다.

이어 음식물을 수증기로 찌는 시루가 새로 개발되면서 오늘날의 밥처럼 곡식을 쪄 먹을 수 있게 되었다. 그리고 철기가 보급되면서 쇠로 만든 솥이 새로이 등장하였다. 오늘날처럼 솥에 밥을 해 먹을 수 있게 된 것이다.

Ⅲ. 주(住)생활

1. 구석기시대

한반도에 인류가 살기 시작한 것은 약 **60**만 년 전이라고 알려져 있다. 구석기인들이라고 부르는 이들은 주로 동굴이나 바위그늘에서 생활하였다. 평양 승리산 동굴이나 충북 청원의 두루봉 동굴 등 구석기유적에 동굴 유적이 많은 것도 이 때문이다. 바위그늘은 암벽 위쪽이 기울어지거나 아래쪽이 움푹 들어가서 비나 햇빛을 피할 수 있는 곳을 말한다. 이런 곳은 구석기인들에게 더없이 좋은 주거 환경을 제공하였다. 집을 짓기 위해 따로 수고할 필요가 없기 때문이다. 짐승 사냥이나 나무 열매 채집 등에 의존하였던 구석기인들은 먹을 것을 찾아 끊임없이 이동생활을 해야 했다. 그런 와중에 튼튼한 집을 짓겠다며 한가로이 나무나 찍고 있을 겨를도 없었을 것이다.

구석기인들은 타제석기를 이용하고 무리를 지어 사냥도 했지만 생활이 언제나 불안정하였다. 그런 가운데 맹수의 위협을 피하는 데 동굴과 바위그늘이 매우 유리하였다. 그곳은 경사진 산기슭에 있었기

오진리 바위그늘

때문에 입구 주위에 불을 피우거나 간단한 시설물만 만들어 놓아도 추위를 막거나 맹수들의 침입을 예방할 수 있었다. 그러나 이런 곳을 흔히 찾을 수는 없었다. 따라서 위험이 뒤따르긴 했지만 상당수의 구석기인들은 양지 바른 곳이나 나무 위에 풀이나 나뭇가지로 거칠게 지은 '막집'을 만들어 살았을 것이다.

2. 신석기시대

신석기시대로 접어들면서 인간의 주거생활도 급격히 변화하였다. 신석기시대 사람들이 정착생활을 시작하면서 수혈주거지인 '움집'이 등장하였다. 땅을 파서 바닥을 다진 뒤에 나뭇가지나 갈대 등으로 지붕을 엮은 것이 움집이다. 동결선 이하의 지하는 온도 변화가 적기 때문에 움집은 비록 어둡고 습하기는 해도 혹독한 추위나 더위를 견딜 수 있었다. 즉 기후를 조절할 수 있는 기술이 개발된 것이다.

움집은 수직 기둥을 세우고 보와 도리를 사용하여 튼튼한 구조체를 만들었다. 출입구는 햇빛이 잘 드는 동남쪽이나 서남쪽에 만들었

암사동 주거지 유적

암사동 주거지 유적 복원 광경

고, 안에는 경사진 통로나 한 두 단의 계단을 만들어 움집을 드나들 수 있게 하였다. 60센티미터가량 파 내려간 바닥은 원형 혹은 직사각형의 평면을 가지고 있었다. 또한 바닥에는 진흙을 깔고 불을 놓아 습기가 없는 마른 바닥을 만든 것도 있다. 중앙에 화덕을 두어 집 안에서 불을 지필 수 있었고, 화덕 주변에는 자갈을 둘러 불이 번져 나가는 것을 방지하였다. 그러나 화덕에서 음식을 조리하지는 않았고, 취사는 집 밖에서 이루어졌다. 실내에서 모닥불을 피웠다가는 자칫 연기에 질식하거나 불이 붙어 화재가 날 가능성이 컸기 때문이다. 움집의 이러한 특징들은 오래 머물 수 있는 정착형 주거로의 발전을 의미하는 것이다.

신석기시대의 주거지들은 평지성(平地性)이면서 취락을 보호하는 방어시설이 아직 개발되지 않았다는 특성이 있다. 방어시설이 등장하지 않고 있다는 것은 아직 방어시설이 불필요한 단계였음을 알 수 있다.

3. 청동기시대

청동기시대에도 움집이 주류를 이루었다. 그러나 반(半)움집이라고 불리는 청동기시대의 집들은 우선 바닥의 깊이가 더 얕아지고, 규모가 더 크며, 직사각형의 평면을 가지고 있다는 점에서 신석기시대의 움집과 차이가 있다. 직사각형의 바닥이 일반적이었으므로 자연히 지붕도 맞배식으로 바뀌었고, 지붕을 떠받치는 벽체가 지상에 만들어지는 튼튼한 구조체로 발전하였다. 뿐만 아니라 집 주변에 배수로를 파고 집 한가운데 있던 화덕도 한쪽으로 비켜났다. 집이 커지면서 화덕이 두세 개로 늘어나고 불의 사용이 빈번해졌다.

청동기시대의 집터는 대부분 강 언저리나 계곡이 내려다보이는 낮은 구릉지대에서 나타난다. 바람을 막아주는 작은 산을 뒤로하고 식수를 얻을 수 있는 하천을 내다보고 있다. 집터는 한곳에서 적게는

울주 검단리 환호 유적 전경

10기에서부터 많게는 100여 기 이상 무리 지어 발견됨으로써 이전 시기에 비해 규모가 큰 취락이 만들어졌음을 알 수 있다.

울주 검단리 유적에서 발견된 환호(環濠)의 흔적은 마을 단위의 영역 계획이 이루어졌음을 알 수 있다. 환호란 마을을 둘러 판 수로 형태의 시설을 의미하는데, 이는 마을의 경계이면서 방어시설이다. 환호라는 방어시설을 갖춘 마을의 등장은 잉여생산물의 집적에 따른 계급의 발생과 집단 간 분쟁의 심화를 반영한 것이다. 결국 외부의 적에 대한 방어의 필요성에서 환호가 생겨난 것이다. 이 밖에 마을 중앙에는 공동시설로 여겨지는 건물이 있고, 입구 부분에는 망루와 같은 시설이 있으며, 철제 농기구를 제작하기 위한 가마시설도 발견되었다. 이러한 시설들은 세대 단위의 시설이 아니라, 마을의 공동체적 생활을 위한 시설들이다.

4. 삼국시대—지상가옥의 등장

철기시대에 접어들면서 인간은 쇠도끼와 같은 강력한 공구를 사용하게 되었다. 이로써 좋은 나무를 잘라 기둥을 세운 뒤에 튼튼한 집을 짓는 것이 쉬워졌다. 따라서 이 시기에는 집의 바닥 면이 점차 지상으로 올라오기 시작한다.

움집에서 지상가옥으로 발전한 것은 우선 땅속으로 오르내리는 출입의 불편함을 개선하였다는 점에서 의미가 있다. 또한 집 안으로 물이 침투하기 쉽고 배수가 어려운 움집의 문제를 해결해주었다. 움

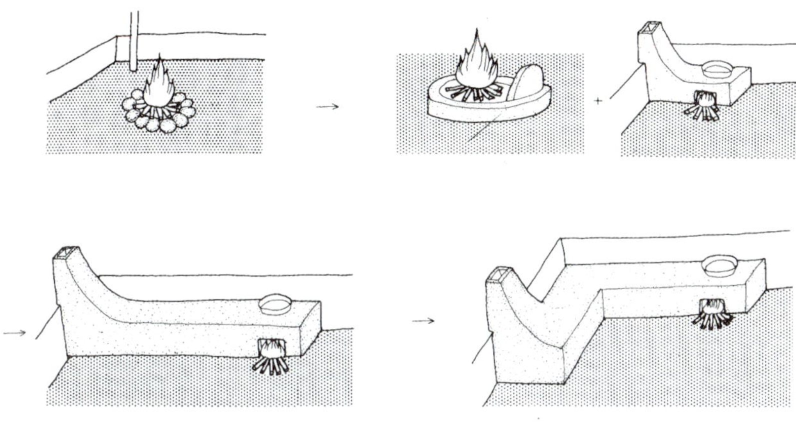

구들의 발전 과정

집이 지하의 습기를 막기 어려운 구조라는 점을 감안한다면 지상가옥은 보다 건조한 공간을 제공하게 되었을 것이다. 지상가옥은 지붕을 떠받치는 수직벽체가 발달하였고, 여기에 창문을 낼 수 있게 되었다. 이러한 창문은 눈비를 피하면서도 환기와 채광이 가능하여 움집보다 쾌적한 거주공간을 제공해주었다. 가장 대표적인 지상가옥은 오늘날까지도 전해 내려오는 초가집과 기와집이다.

움집에서 지상가옥으로 변하는 과정에서 반드시 해결해야 할 것이 난방 문제였다. 움집은 지열을 이용하여 자연스럽게 난방효과를 얻을 수 있었으나, 지상가옥은 이를 기대할 수 없기 때문이다. 이 문제를 해결하기 위해 온돌이 등장하였다. 철기시대의 유적에는 돌로 한 줄 고래를 만들어 바닥을 데우는 원시적인 온돌이 나타났다.

온돌의 발달은 단순히 난방기술의 발전만을 의미하는 것이 아니라, 가사노동의 절약과 기거양식의 발전, 공간환경의 개선이라는 측면에서 의미 있는 변화를 가져다주었다. 그 첫째는 난방연료의 절감

고상가옥 토기

집 모양 토기

이다. 온돌은 돌에 열을 가하면 일정 시간 동안 열을 보존하고 있다가 서서히 방출하는 축열기능을 이용한 난방법이다. 화덕에 비하여 같은 양의 연료로 보다 장시간의 난방이 가능하였다. 온돌의 발달로 난방 연료를 획기적으로 절감하게 하는 계기가 마련된 것이다.

둘째 가사노동의 절약을 들 수 있다. 온돌난방은 일정한 시간만 가열해주면 난방이 가능하기 때문에 난방이 필요한 시간만큼 가열할 필요가 없다. 이에 가열 작업에 드는 가사노동을 획기적으로 줄였을 것이다.

셋째 온돌난방은 기거양식의 변화를 수반하였다. 단실형 내부 공간에서 일부 바닥에 온돌이 설치되었을 때, 그 장소는 취침이나 기거를 위한 특별한 공간으로 차별화된다. 나아가 공간 전체에 온돌이 시설되고 아궁이가 외부에 설치되는 단계에 이르면 무연의 청결한 공간이 제공된다. 연기가 없이도 난방이 되는 쾌적한 공간은 바로 온돌의 발전으로부터 얻어진 것이다.

한편 기둥을 이용하여 바닥을 지표면에서 들어 올린 고상가옥(다락창고)도 이 시기에 발전한 것이다. 고상가옥은 땅에서 올라오는 습기를 피해야 하는 곡식이나 도구를 보관하는 창고로 이용되었다.

무덤은 죽은 사람을 묻는 시설물이지만, 시대와 지역에 따라 구조와 형태가 다양하다. 그리고 무덤에는 시신만을 묻는 것이 아니고 죽은 자의 영혼을 달래기 위해 토기·석기·금속기·구슬류 등의 유물을 넣기도 하는데, 이 또한 시대와 지역에 따라 다양하다.

무덤을 나타내는 한자어로는 묘(墓), 분(墳), 총(塚), 릉(陵) 등이 있다. 묘(墓)는 일반 사람들의 무덤과 선사시대의 무덤에 사용하는 한자어다. 분(墳)은 무덤의 외형이 둥근 마운드를 가진 무덤을 나타낸다. 총과 릉은 최고 권력자의 무덤에 사용하는 용어이다. 무덤의 주인인 최고 권력자가 누구인지 알 경우에는 릉(陵)을 사용하고, 무덤의 구조나 출토 유물 등으로 볼 때 최고 권력자의 무덤이 맞지만 누구의 무덤인지 알 수 없을 때 총(塚)을 사용한다.

3장

고대인의 죽음과 장례의식

무덤은 후세에 무언가를 남기겠다는 의지가 반영된 기념물이기 때문에 당시 사람들의 사후관념(死後觀念)과 같은 정신적인 요소뿐만 아니라 생활용구의 종류와 기술 발달의 수준 등 물질적인 요소도 포함하고 있다. 그리고 무덤의 규모와 위치, 부장 유물 내용의 변화는 무덤에 대한 당시 사람들의 인식 변화를 반영한다. 특히 우리가 무덤을 통해 얻을 수 있는 중요한 정보 중 하나는 당시의 신분 문제를 확인할 수 있다는 점이다. 무덤의 위치와 규모, 그리고 부장유물의 질과 양의 차이는 무덤을 만든 당시 집단의 사회적 신분을 반영하기 때문이다. 또한 무덤에서 나온 각종 유물은 당시의 문화 수준을 나타낸다. 그러나 시대와 지역에 관계없이 이와 같은 현상이 모두 나타나는 것은 아니다. 무덤에 그 사회의 현상들이 반영되는 정도에도 시기와 지역에 따라 차이가 있기 마련이다.

Ⅰ. 죽음에 대한 인식

고대사회에서는 왕이나 귀족이 죽으면 산 사람을 함께 무덤에 넣는 장례풍습이 버젓이 행해지고 있었다. 순장이란 풍습이다.

부여에서는 순장을 치를 때 많을 경우는 백을 단위로, 즉 1백, 2백, 3백 명 하는 식으로 사람들을 죽여 순장했다고 한다. 이보다 숫자는 적지만 5~6세기경 고령에서 흥기하였던 대가야에서 왕족의 무덤에 수십 명의 사람들을 순장하였음이 지산동고분군을 발굴한 결과 확인되었다. 순장당한 사람들의 신분은 매우 낮아서 한낱 물건처럼 취급된 사람이 있는가 하면 귀금속 장신구를 착용한 여성, 무기나 마구를 소지한 호위병 등 매우 다양한 모습을 보이고 있다. 순장이란 풍습은 당하는 입장에서는 어처구니없고 잔인하기 짝이 없는 장례풍습이지만, 이를 당연시하던 당시 사람들의 심리상태를 지금의 잣대로 판단할 수는 없다.

고구려에서는 동천왕이 죽자 가까운 신하 중에 왕을 따라 죽으려는 자가 매우 많았다고 한다. 새 왕이 예의에 어긋난다고 하여 이를 금지시켰으나 장례 당일 많은 사람들이 스스로 목숨을 끊었다고 한

고령 지산동 고분 75호(순장)

다. 이러한 이야기는 당시 사람들이 얼마나 왕에게 강하게 예속되어 있었는가를 상징적으로 보여준다. 주군(主君) 없는 이 세상은 상상할 수 없다는 맹목적 충성심, 주군을 따라 저승으로 가야만 이승에서 누리던 안락한 지위가 이어질 것이라는 타산적 계산 또한 깔려 있음직하다.

고대인들은 명예롭게 죽는 것을 자랑스럽게 여겼던 것 같다. 고구려 2대 유리왕의 태자였던 해명은 인접한 나라와의 국제관계에서 강경책을 고수하다 부왕에게 오해를 사서 자결할 것을 명령받자 땅에 창을 꽂아 놓고 말을 달려와 창에 찔려 장렬하게 죽었다. 낙랑공주와 함께 비련의 주인공인 호동왕자는 계모의 모략에 넘어가 위기에 처했을 때 계모의 악행을 감추고 부왕의 근심을 덜어주기 위해 스스로 칼에 엎어져 자결하였다.

신라의 검군은 부정행위를 한 친구들이 사건을 은폐하려고 자신을 독살하고자 함을 알고도 태연히 독주를 마셨다. 또한 신라의 화랑 사다함은 친구인 무관랑이 병들어 죽자 7일 만에 그의 뒤를 따랐다. 부모를 위하여, 친구를 위하여, 혹은 국가를 위하여 스스로 목숨을 끊은 고대인들의 이야기는 이밖에도 많다.

그렇다면 이들이 이렇게 죽을 수 있었던 이유는 무엇이었을까? 이는 고대인들의 내세관, 즉 계세사상에서 비롯된다. 고대인들은 사람이 죽은 후에 언젠가는 다시 살아나거나 아니면 저세상에 가서도 삶을 영위한다고 믿었다. 그리고 생전의 생활을 그대로 누릴 수 있다고 믿었다. 많은 물자와 노동력을 들여서 거대한 무덤을 만든 이유는 죽은 사람이 환생할 때까지 시신을 안전하게 보호하기 위함이었던 것이다.

1. 장례의 시작과 거대무덤의 등장

인간이 자신의 친지나 동료가 죽었을 때 시신을 내버려두지 않고 특별한 시설, 즉 무덤을 만들기 시작한 것은 구석기시대부터였다. 그러나 한반도에서 구석기시대 무덤은 아직 발견되지 않고 있다. 신석기시대 무덤은 울진 후포리 유적, 통영의 연대도·욕지도 유적 등에서 발견되고 있다. 연대도의 경우는 일종의 공동묘지가 형성되어 있는데, 약간의 토기와 석기를 부장한 무덤들이 있기는 하지만 다른 무덤에 비해 특별히 크거나 많은 부장품이 있는 무덤은 없다. 이로 보아 당시는 공동체 성원 사이에서 경제적 불평등과 신분적 차이가 아직 발생하지 않았음을 알 수 있다.

신석기시대의 무덤은 지금까지 발견된 유적 수에 비해 매우 드문 편인데, 그 이유는 아직 본격적인 정착사회가 형성되지 않고 이동성이 강하여 온전한 형태의 무덤을 남기지 못한 경우가 대부분이었기 때문일 것이다. 그렇다면 한반도에 살았던 신석기시대 사람들이 무덤을 만들게 된 근본적인 이유는 무엇이었을까? 그 첫째는 아마도 나와 가까운 사람이 죽었을 때 느끼는 공포감으로부터 벗어나기 위해서였을 것이다.

다른 한편, 무덤을 만들게 된 보다 본질적인 이유로 정착생활이 가져온 의식의 변화를 들 수 있겠다. 정착생활을 한다는 것은 자연 질서에 순응해 살아감을 의미한다. 추운 겨울이 지나고 봄이 오자, 얼었던 땅속에서 동면하던 동물들이 튀어나오고, 겨우내 불모지였던 대지에 싹이 터 식물이 생장하는 것을 목도한 신석기인들은 죽음을 새롭게 인식하기 시작한다. 즉 나와 가까웠던 죽은 사람을 땅속에 묻으면 이들도 언젠가는 부활, 재생할 수 있다고 믿었던 것이다.

통영 연대도 패총 전경과 1호 무덤

무덤을 쓰는 데 불평등한 모습이 나타난 것은 청동기시대부터이다. 우리나라 청동기시대의 대표적인 무덤으로는 고인돌을 들 수 있다. 고인들은 수십 톤에 달하는 돌을 채석, 운반해서 만들어야 하기 때문에 아무나 거대한 고인돌에 묻힐 수는 없었다. 고인돌은 청동기시대가 신석기시대와는 다른 단계의 사회로 진입하였음을 말해 준다.

우리나라 고인돌은 중국이나 일본의 것과 구별되며, 분포 지역은 중국의 요하 동쪽으로부터 제주도를 포함하여 한반도 전역에 걸쳐 있고, 중국 산둥반도와 일본 북큐슈(北九州)에도 소수 분포한다. 이는 고인돌을 만든 사람들이 초기에는 이들 지역에서도 활동하였음을 말하는 것이다.

고인돌은 중국의 요동 지방에서 한반도의 중부 이북 지방에 많이 분포하는 북방식(탁자 모양)과, 중부 이남에 주로 분포하는 남방식(바둑판 모양)으로 나뉜다. 탁자 모양의 고인돌은 대개 전망이 좋은 언덕에 위풍당당하게 우뚝 서 있다. 이와 달리 바둑판 모양의 고인돌은 수십 개, 심지어 수백 개씩 떼를 지어 분포하는 경우도 있다. 주로 전라도나 경상도를 비롯한 남부 지방에서 찾아볼 수 있다. 이러한 차이는 두 지역의 사회 발전 정도, 즉 지배자가 발휘할 수 있는 권력의 규모와 범위가 달랐음을 의미

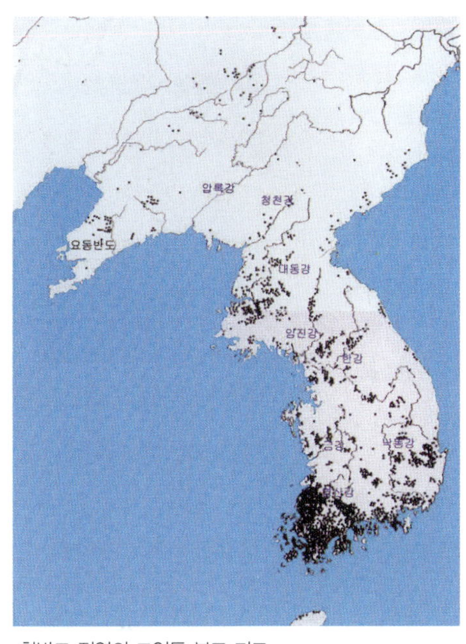

한반도 전역의 고인돌 분포 지도

중국 해성시 북방식 고인돌

한다.

　우리 역사 최초의 국가인 고조선이 위치한 지역은 대체로 탁자 모양의 고인돌이 분포하는 지역과 일치한다. 이 지역은 선진적인 청동기문화가 발달한 곳이었다. 거대한 탁자형 고인돌을 만들기 위해서는 수십 명, 많은 경우에는 수백 명의 노동력이 필요했다. 이는 많은 노동력을 동원할 수 있는 권력자의 출현을 반영하는 것이다.

　반면 한반도 남부 지방은 청동기문화가 전개되는 시기도 약간 늦었고, 사회적 변화도 그리 뚜렷하지 않았다. 공동체의 성원들을 위압하면서 우뚝 서 있는 거대한 고인돌이 만들어지지 못하고 비슷비슷한 크기의 고인돌이 떼를 지어 분포하고 있는 것은 이러한 사정에서 비롯한 것이다. 이러한 고인돌의 주인공은 소수의 유력자가 아니라 공동체의 일반 성원들이었을 것이며, 이들은 고인돌을 만들 때 일종의 품앗이 형태로 협조하였을 것이다.

고창 죽림리 고인돌

　남부 지방의 고인돌 사회를 구성하던 사람들 모두가 똑같은 사회적 지위에 있었던 것은 아니다. 고인돌에 묻힌 사람들은 대부분 돌로 만든 화살촉이나 무문토기 등을 부장하거나, 부장품이 없는 경우마저 있어서 매우 단출한 모습을 보인다. 그런데 그중에는 간혹 비파형동

고인돌에서 출토된 청동기류

검·동모(銅鉾)·동촉(銅鏃)과 같은 값비싼 청동기나 장신구를 소유하고 묻혀 있는 자도 있다. 따라서 남부 지방 고인돌 사회는 모든 사람들이 고인돌에 묻힐 수 있었다는 점에서는 평등하다고 할 수 있지만, 청동기를 소유한 자와 그렇지 못한 자의 격차는 엄연히 존재했다고 할 수 있다. 고인돌이 만들어진 것은 청동기문화가 전개되면서 사회적으로 우세한 집단이나 개인이 등장하는 상황을 반영하는 것이다.

고인돌이 만늘어지던 단계를 지나 여러 가지 청동기를 풍부하게 부장하는 무덤이 만들어지기 시작하면서 이러한 차별은 더욱 심해졌다. 수십 점에 달하는 화려한 청동기를 잔뜩 무덤에 넣은 극소수의 사람이 있는 반면, 대부분의 사람들은 고작 구덩이 속에 묻히고 평소에 사용하던 그릇 몇 개를 넣는 것으로 만족해야 했다. 당시 무덤에 부장된 청동기들이 대개 각종 제사나 의례에 사용하던 것임을 볼 때, 이러한 물건들을 독점할 수 있었던 인물은 종교적인 권능과 세속적인 권

력을 아우르던 지배자였음이 틀림없다. 고조선의 한 족장 무덤으로
생각되는 심양의 정가와자 유적이 당시의 대표적인 무덤이며, 충청·
전라 지역에서도 각종 거울, 방울, 의기류를 잔뜩 부장한 무덤들이 자
주 발견되고 있다.

2. 1~3세기 집단묘의 확산

삼국시대 초기의 지배체제는 정치적 자립성을 갖는 읍락사회를 기반
으로 성립하였다. 삼국은 다수의 소국이나 읍락이 연합하여 형성되었
는데, 이들은 단위 정치체로서 '부'(部)라고 불렸다. 3세기 무렵까지
는 각 부 지배세력인 '가'(加)나 '간'(干)들이 합의를 통해 정치운영을
주도하였으며, 여러 부 가운데 가장 세력이 큰 부의 부장(部長)이 왕
의 지위를 차지하였다. 각 부의 대표자들이 모인 고구려의 제가회의
(諸加會議)나 백제의 정사암회의(政事巖會議), 신라의 화백회의(和白會議)는 당시 국정을 논의하는 최고의 기관이었다.

　　삼국의 각 부는 내부 문제에 대해 자치권을 갖고 독자적인 관직을 설치하였다. 고구려의 경우 국왕과 별도로 각 부를 지배하는 제가(諸加)는 각기 사자(使者)·조의(皂衣)·

해미 기지리 유적

선인(先人)이라는 관리를 두었으며, 각 부별로 조상신에 대한 제사를 지냈다. 백제나 신라의 경우도 마찬가지였다.

삼국은 정복과 복속을 통하여 주변의 소국과 읍락을 병합하면서 영역을 확대했는데, 이때 피정복민을 소국이나 읍락을 단위로 집단적으로 예속시켜 간접적으로 지배하였다. 이렇게 한 까닭은 소국이나 읍락이 상당한 독자성을 유지하였고, 또 아직은 지방관을 파견하여 모든 영역을 직접 관장할 수 있을 만큼 중앙정부의 관료조직이 체계화되지 않았던 때문이다. 이 단계에서는 아직 중앙정부의 지배력이 피정복집단 내부에 침투하는 것이 용이하지 않았다.

이와 같이 삼국시대 초기는 아직 왕권을 정점으로 하는 권력의 집중도가 떨어지는 시기였다. 이러한 시대상을 반영하듯 이 시기는 최상위에 속하는 사람들의 무덤과 일반민의 무덤이 엄격한 구분 없이 군데군데 섞여 있는 것이 특징이다. 압록강 유역의 고구려 초기 돌무지무덤, 백제의 천안 청당동·청주 송절동 유적, 신라의 경주 사라리 유적, 가야 지역의 창원 다호리·김해 양동리 유적 등이 대표적이다.

그러나 집단적으로 무덤이 조성되었다고는 하지만 사회적 계급

경주 사라리 130호묘와 출토 유물(철정, 철검)

에 따른 차별성은 점차 뚜렷해지고 있었다. 예를 들어 이 시기의 대표적 고분인 경주 사라리 유적 중 130호묘는 목관 바닥에 70점의 철정을 7열로 깔았고, 목관 안에서는 동검·청동팔찌·청동거울 등이 출토되어, 부장품이 양과 질에서 다른 무덤들을 능가한다. 이와 달리 주위의 다른 무덤들은 토기 몇 점이나 약간의 철기류가 묻혀 있다. 이러한 상황으로 볼 때 130호묘는 이 지역의 우두머리가 묻힌 것으로 추정되고, 다른 무덤은 일반 백성들의 무덤일 것이다. 이는 당시에도 사회적으로 우월한 개인이 존재하기는 했지만, 다른 성원들을 압도할 정도는 아니었음을 보여준다고 하겠다.

3. 4~6세기 거대한 고분의 시기 ── 후장(厚葬)의 성행

한국 고대사에서 4세기는 고구려·백제·신라가 공히 중앙집권적 국가 체제를 갖추고 왕권 강화를 이룩한 시기이다. 4세기 이후 지속적으로 이루어진 생산력의 발전은 고대사회에 일정한 변화를 가져왔다. 철제 농기구가 널리 이용되었고, 가축을 이용하여 밭갈이 하는 방식도 널리 보급되었다. 이를 배경으로 개별 가호의 자립도가 높아지면서 읍락 내부의 계급관계가 변화하기 시작하였고, 기존 수장층의 읍락 내 지배력은 약화되었다.

삼국을 중심으로 소국들이 통합되는 과정에서 지방의 유력자들은 더 큰 권위와 국가권력에 의존하여 자신의 영향력을 유지하고자 했다. 이러한 유력자들을 매개로 중앙권력이 지방사회에 침투해갔다.

이 과정에서 국왕을 정점으로 권력의 집중되는 중앙집권적인 지배체제가 수립되었던 것이다.

이와 같이 4세기 들어 왕을 중심으로 하는 지배체제가 확립되면서 무덤에도 많은 변화가 일어났다. 집단의 우두머리와 일반민들의 무덤이 분리되기 시작하고, 대형고분이 등장하기 시작한다. 대형고분들은 수도의 중심부에 위치하는 경우가 많다. 위풍당당한 고분들은 왕실이나 귀족 가문의 위세를 뽐내면서, 안으로는 피지배층에게 지배의 정당성을 강변하는 데 이용되었고, 밖으로는 국력을 과시하는 수단이기도 하였다. 백제 개로왕이 도림이라는 고구려 중의 꾐에 빠져 자신의 위세를 과시하기

장군총(고구려)

석촌동 적석총(백제)

황남대총(신라)

위하여 선왕의 무덤을 크게 고쳐 만들었다가 민심의 이반을 자초했다는 설화가 있을 정도다. 대형고분이 나타났다는 것은 지배예속관계가 한층 강화되었음을 의미하기 때문에 왕실과 국가권력의 성장도를 가늠할 수 있는 척도인 동시에 백성에 대한 수탈이 얼마나 가혹했는지를 반영하는 증거이기도 한 셈이다.

5세기는 고분의 전성기라고 불러도 좋을 것이다. 고구려의 태왕릉과 장군총, 신라의 황남대총·금관총 등이 대표적인 예다. 가야의 경우는 대가야가 있던 고령의 지산동고분군, 아라가야가 있던 함안의 말이산고분군, 비사벌가야가 있던 창녕의 교동고분군 등 헤아릴 수 없이 많은 고분들이 현재도 그 위용을 뽐내고 있다.

기중기나 화물차가 없던 당시에 이러한 고분을 축조하려면 실로 막대한 노동력이 필요했을 것이다. 태왕릉이나 장군총과 같은 적석총(돌무지무덤)은 물론, 거대한 봉토분의 경우도 수백, 수천 명의 인력이 동원되어야 한다. 대규모 토목공사에 노동력을 징발하는 것은 국가적인 관심사였으며, 백성들에게는 의무이자 큰 부담이었다.

대형고분에 묻힐 수 있는 자들은 당연히 왕족에 한정될 수밖에 없었으며, 귀족들은 그보다 작은 고분에 묻혔다. 당연히 부장품의 양이나 질에서도 신분에 따른 엄격한 구분이 있었다. 일반 백성들이 그 근처에 자신의 무덤을 쓴다는 것은 상상조차 할 수 없는 일이었다. 왕족이나 귀족의 근신(近臣)·시종·노예들은 자신의 무덤을 갖기는커녕, 강제로 순장당하는 것이 보통이었다.

4세기 이후의 대형고분에는 막대한 부장품과 함께 비로소 금제품이 부장되기 시작한다. 이것들은 무덤 주인이 생전에 사용하고 아끼

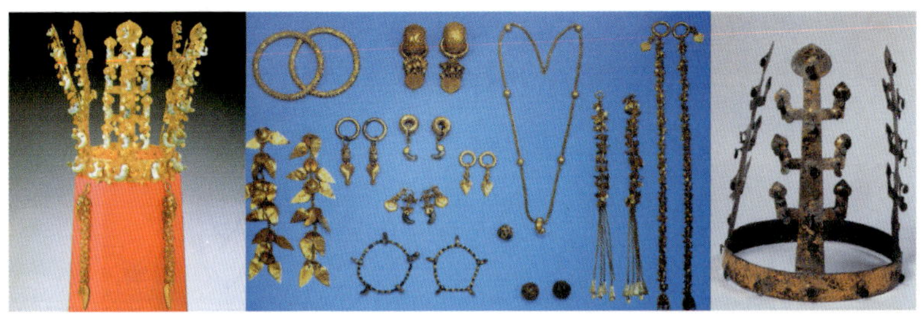

| 황남대총 출토 금관 | 황남대총 출토 금제품 | 지방세력의 금동관 |

던 물건들이며, 순전히 함께 묻기 위한 목적으로 수백 개의 토기를 만들어 넣는 경우도 있었다.

한편 이 시기에는 왕을 정점으로 하는 권력의 중앙집권화가 강화되면서 지방세력은 위축될 수밖에 없었다. 그리하여 지방세력은 무덤의 부장품으로 중앙의 대형고분의 부장품과 달리 금동제품을 부장하였다. 이렇듯 많은 부장품을 무덤에 넣는 장례풍습을 후장(厚葬)이라고 한다. 후장과 순장은 죽은 사람이 저승에서 아무런 불편 없이 살기를 바라는 마음에서 나온 것이었다.

4. 6세기 이후 가족장 — 박장(薄葬)의 시대

6세기 이후 삼국의 지배세력들이 빈번하게 대외전쟁을 일으키고 있었음은 『삼국사기』에 실린 삼국 간의 전쟁 이야기를 통해 알 수 있다. 5세기에는 60여 회에 불과하였던 전쟁이 6세기 이후에는 무려 200여 회에 걸쳐 치열하게 전개되고 있다. 여기에는 삼국이 서로 권력의 주

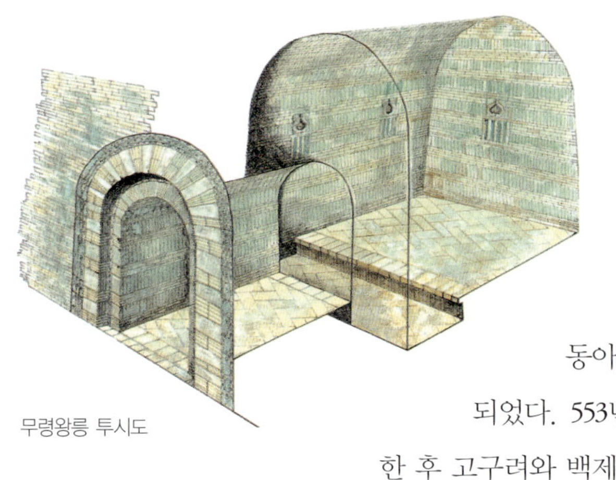

무령왕릉 투시도

도권을 장악하려는 목적과 함께 토지와 인구를 보다 많이 확보하려는 의도도 있었다.

삼국 간의 전쟁은 당시의 국제정세로 말미암아 동아시아 차원의 전쟁으로 확대되었다. 553년 신라가 한강 유역을 점령한 후 고구려와 백제는 신라에 대한 공세를 늦추지 않았다. 고립된 신라는 백제와 고구려의 압력에 대항하여 수·당과의 외교관계에 힘을 기울였다. 당시 수·당은 중국을 통일하고 동방으로 팽창하기 위하여 고구려를 침입했는데, 고구려의 강력한 저항으로 실패하였다. 그 후 신라와 당은 연합하여 백제와 고구려를 차례로 멸망시켰다.

나주 영동리 석실분 인골 출토

이와 같이 6세기 이후 삼국 간의 항쟁이 가열되면서 각 나라가 총력 동원체제에 돌입하자 전쟁물자와 전투인력의 원활한 공급이 나라의 운명을 좌우하게 된다. 쓸데없이 무덤을 크게 만들어 노동력과 재물을 낭비하는 것은 국가적인 손실이 되었다. 따라서 무덤의 규모가 작아지고 경제적

인 무덤양식으로 바뀌어갔다. 즉 석실분
이 주요한 무덤으로 등장한 것이다. 이는
삼국 모두에 공통된 현상이다. 드디어 화
려했던 거대한 고분 시대가 막을 내렸다.
석실분이 등장하기 이전에는 한 사람을

골호

매장하는 것이 기본이었지만, 석실분은 여러 명, 대개는 부부나 가족
을 단위로 매장이 이루어졌다. 따라서 최초의 매장이 이루어진 후 여
러 차례 입구를 통해 추가 매장이 이루어지는 구조였다.

신라의 경우 제23대 법흥왕 때부터는 왕릉을 만드는 곳이 평지에
서 산으로 옮겨지고 있는데, 이러한 변화는 구조상 석실분으로의 변
화추세와 짝한다. 석실분에서는 부장품의 양도 현저히 줄어든다. 후
장에서 박장(薄葬)으로 바뀌어간 것이다. 석실분의 출현은 인력과 물
자의 동원을 최소화한 것이라 할 수 있다.

여기에는 불교의 영향을 빠뜨릴 수 없다. 불교사상은 죽음에 대
한 생각 자체를 바꾸어놓았다. 죽음은 더 이상 현실생활의 연장이 될
수 없었다. 호사스러운 무덤에 막대한 부장품을 묻고 산 사람을 죽여
서 함께 묻던 장례풍습은 서서히 사라져갔다. 화장하고 남은 뼈를 추
슬러 항아리(骨壺)에 담아 땅에 묻는 것으로 장례행위를 끝내기도 하
였다. 인력과 물자를 낭비하지 말고 불교식으로 화장할 것을 당부한
문무왕의 유언에서 당시의 사정을 알 수 있다.

1. 고구려의 장례풍습

고구려의 무덤은 도굴이 쉬운 형태로 되어 있어 출토 유물을 가지고 장례풍습을 살펴볼 수 없다. 그러나 고구려인들은 무덤 내부에 그들의 삶을 그린 그림, 소위 고분벽화를 남겼다. 우리는 이 고분벽화의 내용을 가지고 고구려인들의 장례풍습을 복원할 수밖에 없다. 고구려 고분벽화의 주제는 크게 생활풍속도·장식무늬·사신도로 나누어볼 수 있다. 이러한 주제는 각기 특정한 시기에 즐겨 그려졌는데, 그 변화과정을 대략 세 시기로 구분할 수 있다.

제1기는 3세기 말에서 5세기 초에 걸친 시기로 생활풍속 그림이 즐겨 그려졌다. 이러한 주제의 벽화무덤은 대개 내부구조가 생전의 저택처럼 두 칸 혹은 여러 칸으로 이루어져 있으며, 각 방 모서리와 벽에 붉은색 안료로 기둥과 들보·두공 등 목조가옥의 골조를 그려 고분을 주택처럼 꾸미는 것이 일반적이었다.

생활풍속도에는 묻힌 자의 살아 있을 때의 생활 가운데 기념할 만한 것과 풍요로운 생활모습을 그림으로써, 내세에도 이와 같은 삶이 재현되기를 바라는 마음이 담겨 있다. 그래서 묘 주인이 홀로 혹은 부인과 함께 남녀 시종들의 시중을 받는 장면, 대행렬에 둘러싸여 출행(出行)하는 장면, 산과 들을 질주하며 사냥하는 장면, 연회를 베풀고 가무와 놀이를 즐기는 장면 등이 자주 나온다. 생활풍속을 주제로 한 벽화고분 가운데 대표적인 것으로는 평양·안악 지역의 안악3호분과 덕흥리벽화고분을 들 수 있고, 집안 지역에서는 각저총과 무용총을 꼽을 수 있다.

안악3호분 투시도

덕흥리고분 투시도

　안악3호분은 바깥칸·앞칸과 좌우 곁칸·회랑·안칸으로 이루어져 있다. 벽화의 배치내용과 묘실구조로 보아 이는 당시 대귀족의 저택을 재현한 것이다. 벽면에는 방앗간·용두레 우물·마구간·외양간·차고·고깃간·주방·누각·창고 등에서 많은 노비들이 일을 하며, 주인의 시중을 들고 있는 모습이 사실적으로 잘 표현되어 있다.

　덕흥리벽화고분(408)은 무덤길·앞칸과 통로·안칸으로 이루어진 두 칸 무덤으로서, 5세기 초 고구려 일반 귀족의 저택이 사랑채와 안채로 나뉘었음을 알게 한다. 앞칸에는 13군태수 배례도·신임관리 접견도 등이 그려져 있어, 사랑채가 바깥주인이 손님을 맞거나 공적 업무를 처리하는 장소로 쓰였음을 알 수 있다. 또한 안칸에는 연못·누각·창고·마구간·외양간·마사희 및 칠보공양 장면이 묘사되어 있어, 안채가 놀이와 휴식이나 기타 사사로운 행사를 위한 생활공간으로 쓰였음을 알 수 있다. 묘실 내부에는 목조가옥의 골조를 그려놓았다.

위의 두 고분벽화에서 잘 드러나듯이 고구려의 귀족들은 편의시설이 잘 갖추어진 넓은 저택에 살면서 공사 업무를 보조할 시종과 노비를 다수 거느린 존재였다. 이들은 사냥과 놀이를 통해 무예를 닦고 이를 바탕으로 정복전쟁에 나갔으며, 각종 연희를 열어 생활의 여유를 즐기기도 하였다.

제2기는 5세기 중엽에서 6세기 초에 걸친 시기로 한 칸 혹은 두 칸 무덤에 생활풍속도와 사신도가 함께 그려지거나 장식무늬가 많이 그려졌다. 평양·안악 지역에서는 수산리벽화고분과 쌍영총, 집안 지역에서는 환문총과 산연화총이 유명하다.

대체로 사신도는 초기에는 사신이 천정부에 별자리와 함께 작게 그려지다가, 차츰 생활풍속 장면과 함께 벽의 위아래에 나누어 표현되었고, 나중에는 점차 벽면에 가득 차게 그려진다. 생활풍속도는 벽화에서 차지하는 비중이 점점 낮아지다가 결국 소멸한다. 사신은 본래 사방의 방위신으로, 하늘의 28개 별자리 가운데 동서남북 각 방위의 7별자리씩을 나타내는 존재이다. 따라서 사신도는 대개 방위 혹은 방향에 맞추어 그려진다. 좌 청룡·우 백호·남 주작·북 현무가 그것이다. 중앙을 상징하는 황룡을 포함할 경우에는 5신이 된다. 이러한 사신도는 음양오행설에 바탕을 둔 풍수리지리설이 고구려에 들어오면서부터 등장한 듯하다. 무덤의 위치가 사신 형상의 지세(地世, 四勢)가 아니거나 최선의 자리가 아닐 경우, 묘실 안에 사신을 그려 이를 대신한 것으로 짐작된다.

이 시기 집안 지역의 고분벽화에는 장식무늬가 많이 표현되는데, 대체로 연꽃문이 주류를 이룬다. 이것은 5세기경 고구려에서 불교가 크게 유행한 것과 관련이 깊다. 묘실 안에 그려진 연꽃문은 죽은 이의 정토왕생을 희구하는 표현이다. 이로 보아 5세기 집안 지역의 지배귀족 사이에는 현세와 내세의 일치를 바라는 전통적 내세관을 대신하여 정토에서의 새로운 삶을 꿈꾸는 불교적 내세관이 크게 유행하였음을 알 수 있다.

제3기는 6세기 중엽에서 7세기 전반에 걸친 시기로 한 칸 무덤에 사신그림이 즐겨 그려졌다. 평양·안악 지역의 대표적인 사신도 벽화고분으로는 호남리사신총·강서대묘·강서중묘 등이 있으며, 집안 지역의 벽화고분으로는 통구5호분·4호분·통구사신총이 있다. 이들 고분벽화의 사신도는 벽면 전체를 차지하는 유일한 주제로, 단순히 하늘별자리가 형상화된 방위신 정도가 아니라 죽은 이의 세계를 지켜주는 우주적 수호신이다. 강서대묘의 주작·현무도와 강서중묘의 청룡·백호도는 그 신비롭고 환상적인 모습으로 말미암아 세계 종교미술사상의 걸작으로 평가받는데, 그 묘사가 종교적 열정이 뒷받침되지 않고는 표현해내기 어려울 정도의 높은 수준에 이르러 있다.

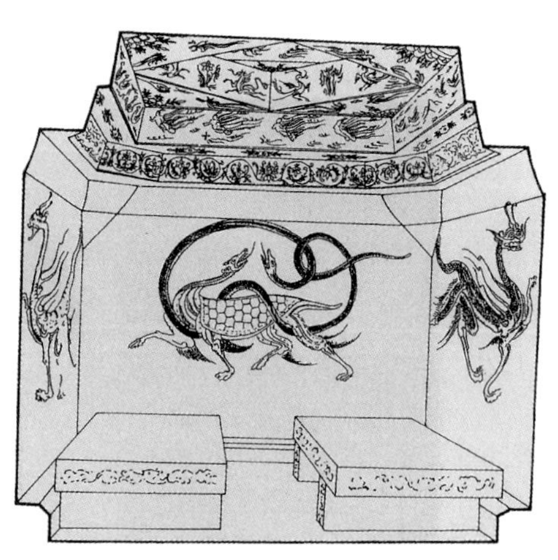

강서대묘의 사신도 모사도

2. 백제의 장례풍습

백제의 장례풍습은 1971년 단 한 번도 도굴당하지 않은 처녀분 상태로 세상에 모습을 드러낸 무령왕릉을 통해 살펴볼 수 있다. 백제 25대 왕인 무령왕은 생전에 사마(斯摩) 혹은 융(隆)으로 불렸고, 사후 무령(武寧)의 시호(諡號)를 받았다.

무령왕릉에서 출토된 유물은 모두 108종 2,906점 이상이다. 연도(널길)에는 왕과 왕비의 지석 2매가 가지런히 놓여 있고 그 위에 오수전(五銖錢) 한 꾸러미가 얹혀 있었다. 지석 뒤에는 석수가 남쪽의 무덤 밖을 향하여 우뚝 서 있었다. 왕릉 출토품 중 특히 눈길을 끄는 유물이 바로 지석이다. 지석이 출토되었기에 왕릉의 주인공이 무령왕과 왕비임을 알 수 있게 된 것이다. 이 지석은 가로 41.4cm, 두께 5cm의 돌판으로, 앞뒷면에 모두 글자가 새겨져 있다.

제1면에는 백제의 사마왕이 523년 5월에 사망하니 27개월 후 왕릉에 모셨다고 기록되어 있다. 제2면에는 방위표가 새겨져 있다. 제3

무령왕의 지석

무령왕비의 지석

면에는 왕이 사망하자 지신들로부터 무덤터를 샀다는 내용이, 제4면
에는 병오년(526년) 12월 백제국 왕태비가 돌아가시니 역시 27개월 후
인 기유년(529년) 2월 왕릉으로 옮겨 장사지냈다는 내용이 기록되어
있다. 지석의 내용을 좀 더 자세히 살펴보면 다음과 같다. 먼저 지석
의 제1면에 새겨진 기록부터 살펴보자.

> 영동대장군(寧東大將軍)이신 백제의 사마왕(斯麻王)께서 나이
> 62세 되던 계묘년 5월(초하루의 간지는 병술) 7일 임신일에 돌아
> 가셨다(崩). 을사년 8월(초하루의 간지는 계유) 12일 갑신일에
> 대묘에 잘 모시었다(安着登冠大墓).

영동대장군이란 무령왕이 재위 21년(521년) 중국 남조의 양 무제
로부터 받은 '사지절도독백제제군사영동대장군'(使持節都督百濟諸
軍事寧東大將軍)의 약칭으로, 양이 주변국에 내려준 작호 가운데 2품
에 속한다. 사마왕은 무령왕의 생전 이름이다. 사서에 기록된 무령왕
의 이름으로는 사마(斯麻 혹은 斯摩)와 여융(餘隆)이 있으나, 평소 사
마로 불린 것 같다.

지석 1면에 기록된 바, 무령왕은 523년 5월 7일 사망하여 525년 8
월 12일 무덤에 안장되었다. 즉, 사후 만 2년 3개월 5일째 되는 날 매
장된 것이다. 왜 무령왕은 사후 약 27개월이 지난 후에야 무덤에 매장
되었을까? 이 기간이 바로 빈(殯)이다. 죽은 이를 바로 매장하지 않고
일정 기간 가매장하였다가 정식으로 장례지내는 풍습은 중국을 비롯
하여 동아시아 각국에서 일반적으로 시행되고 있었다. 『수서』「동이

전」에 따르면 고구려의 경우 사람이 죽으면 집 안에서 빈을 하는데 3년이 지나면 길일을 택하여 장사지냈다고 하며, 광개토왕도 412년 사망 후 414년 9월에 산릉에 옮겨 장사지냈다고 한다.

빈은 죽은 이를 추모하는 기간이다. 각처로부터 조문을 받기도 하며, 후계자가 차기 국왕으로 등극하는 과정과도 밀접한 관련이 있다. 아마도 선왕의 위엄을 빌어 정국을 안정시키는 기간으로 활용되었을 것이다.

왕의 지석인 1면의 바로 뒷면인 제2면에는 간지도가 새겨져 있다. 사각형의 네 변 가운데 세 변에 간지가 새겨져 있고, 서쪽으로 조금 치우쳐 둥근 구멍이 뚫려 있다. 이 구멍은 남북을 나타내는 자오선(子午線)과 동서를 나타내는 묘유선(卯酉線)의 교점에 뚫려 있다.

구멍을 기준으로 동쪽에는 12지 중에서 정동을 의미하는 묘(卯)·인(寅)·진(辰), 남쪽에는 정남을 의미하는 오(午)·미(未)·사(巳), 북쪽

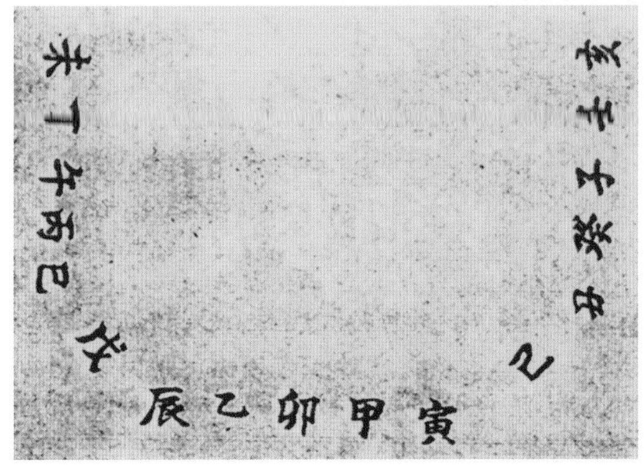

10간과 12지가 있는 지석

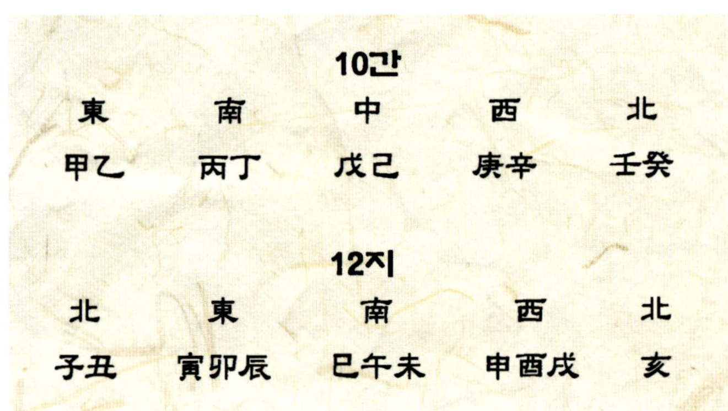

10간과 12지의 방위표

에는 정북을 의미하는 자(子)·축(丑)·해(亥)를 배치하였다. 12지 사이에는 10간을 배치하여, 동쪽에는 갑(甲)·을(乙), 남쪽에는 병(丙)·정(丁), 북쪽에는 임(壬)·계(癸), 중앙에는 무(戊)·기(己)를 차례로 새겼다. 이 간지도에는 서쪽을 나타내는 12지의 유(酉)·술(戌)·신(申)과 10간의 경(庚)·신(辛)이 빠져 있다.

그런데 제2면만으로는 이 간지도의 성격을 파악하기에 부족하다. 왕의 지석은 왕의 사망과 장례일을 기록한 1면과 지신에게서 무덤터를 샀음을 증명하는 제3면, 그리고 매지권에 등장하는 능역의 위치도로 추정되는 제2면이 합쳐져야만 비로소 하나의 문권으로 완성된다. 지석의 제3면에는 다음과 같은 기록이 새겨져 있다.

돈 1만 문, 오른쪽 1건. 을사년 8월 12일에 영동대장군 백제 사마왕은 전건의 돈으로 토왕 토백 토부모 상하의 여러 2천 석 관리에 아뢰어 (왕궁의) 서남쪽 땅을 사서 무덤을 썼으므로 문권을 만들어 밝히니 율령에 따르지 않는다.

돈 1만 문은 토지의 매매대금인데, 지석 제4면 위에 놓여 있던 철제 오수전이 바로 그 현물로 추정된다. 이 철제 오수전은 약 98점가량 출토되었는데 양 무제 때 제작되어 백제로 들어온 것으로 보인다.

525년 8월 12일은 왕의 장례일이다. 이 날짜로 계약을 체결하였는데 매수인은 돌아가신 사마왕이고, 토왕·토백·토부모는 토지신이며, 상하 2천 석의 관리는 천상천하의 여러 관인을 의미한다. 서남쪽의 땅인 '신지(申地)'란 바로 왕궁에서 본 방향을 가리킨다.

지석 제4면은 1~3면과 서체도 다르고 보다 날카로운 도구로 깊게 새겼다. 1~3면은 왕이 사망한 시점에 새겨 매납하였고 이후 왕비가 사망하여 매장하게 되자 비어 있던 제4면에 글자를 몇 줄 새겼기 때문이다. 4면에 기록한 내용은 다음과 같다.

병오년 12월은 526년 12월로 무령왕이 무덤에 안장된 후 1년 4개월이 지난 시점인데, 사망일은 기록되어 있지 않다. 왕비는 왕과 마찬가지로 사후 빈전에 안치되었다가 529년 2월 12일 왕릉에 합장되었다. 빈의 기간은 정확하지 않으나 왕과 마찬가지로 2년 3개월 정도였으리라 추정한다.

여기서 무령왕비를 왕태비라 칭하고 있는데, 이는 왕비가 사망할 당시 무령왕의 아들인 성왕이 즉위하여 무령왕비를 태비로 칭하였기

공주 정지산 빈전 건물지

때문으로 보인다. 이 지석에서 눈여겨보아야 하는 내용은 "서쪽의 땅
에서 빈장을 치렀다"는 부분이다.

무령왕릉 발굴 이후, 현재의 무령왕릉으로 왕의 시신을 안치하기
이전까지 빈전의 장소가 어디였느냐를 구명하는 것이 큰 과제였다.
그런데 1996년 무령왕릉에 인접한 정지산 꼭대기에서 백제 웅진시기
의 제사유적이 발굴되면서, 이에 대한 의문이 풀리기 시작하였다.

정지산 정상부에 인위적으로 만들어진 약 800여 평의 평지가 있
고 그 중심에 기와건물 1채가 배치되어 있었다. 그런데 이 건물은 당
시 국가의 중요한 시설에만 사용되던 연화문수막새(蓮花紋圓瓦當)로
장식된 격조 높은 건물이었지만, 지붕의 무게를 받쳐주는 적심(積心)
이나 초석(礎石)이 없고 단지 일정한 깊이의 토광만 파고 곧바로 기둥

88

을 세운 허약한 구조였다. 이것은
건물의 존속 기간이 매우 짧았다는
점을 강력하게 시사한다. 또한 건
물의 내외부에는 3열로 모두 45개
의 기둥을 빼곡히 세워, 매우 비실
용적인 구조를 보이고 있었다.

일본 아노우 유적 대벽건물지

이와 같은 건물은 일본에서 백
제계 사람들이 많이 살던 시가(滋
賀)현 오즈(大津)시 아노우(穴太) 유적 등에서도 발견되고 있는데, 주
거 이외의 용도로 사용되었다고 한다.

따라서 정지산 건물의 성격은 '단기간 국가적인 의례를 거행하
던 공간'으로 추정할 수 있다. 특히 이 건물의 주변에서 다량 출토되
고 있는 장고 모양 그릇받침이나 세발토기가 제사와 관련된 유물일
가능성이 높다는 점도 눈여겨보아야 한다.

그런데 이 유적의 성격을 추정해볼 만한 기록이 지석 3면과 4면
에 있다. 지석에 따르면 무령왕비는 사후 왕궁의 서쪽 땅 빈전에서 3
년의 세월을 보냈다고 한다. 왕궁에서 서쪽을 바라보면 정지산 언덕
을 제외한 대부분의 지역은 금강변의 저습지이다. 저습지에 빈전을
만들 수는 없으므로 정지산 유적의 특이한 기와 건물을 바로 무령왕
비의 빈전으로 볼 수 있기 때문이다.

이와 같이 백제의 장례절차는 3년상을 기본으로 하였다. 3년상이
란 죽은 자를 위하여 3년의 세월 동안 상복을 벗지 않고 애도하며 근
신하는 것이다. 그런데 중국과 달리 무령왕 부부의 경우는 상복을 입

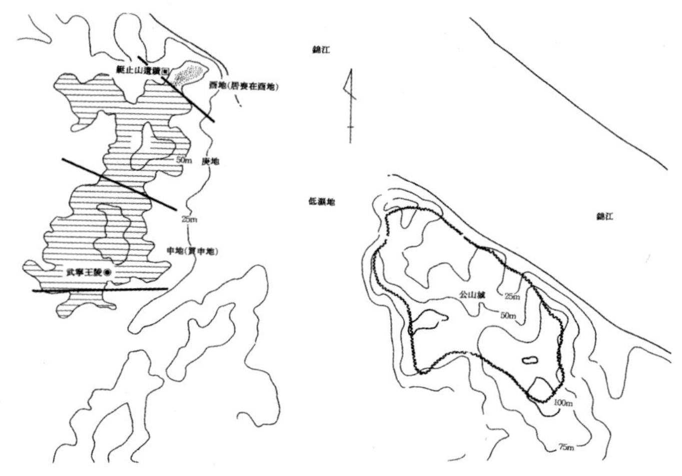

정지산과 유적 배치도

는 정도가 아니라 시신을 매장하지 않고 이 기간을 지냈다는 점에서 유례를 찾아보기 힘들다.

한편 무령왕릉에서는 이전의 무덤에서 볼 수 없었던 진묘수가 출토되었다. 진묘수는 연도에 배치되어 무덤에 들어오는 침입자와 사악한 기운을 막아내던 것으로 백제의 장례에서 보기 힘든 존재이다. 뭉툭한 입과 코, 작은 귀, 비만한 몸통, 짧은 다리, 등에 돌기된 4개의 갈기, 4개의 다리 위에 붙은 날개, 정수리에 꽂힌 사슴뿔 모양의 쇠뿔 등이 진묘수의 특징이다. 지금은 많이 지워졌지만 아직도 희미하게 입술에 발랐던 붉은색이 남아 있다.

진묘수는 중국에서는 전국시대 초(楚)나라에서 시작되어 남조시대에 크게 유행하였다. 남조시대 무덤에서 발견된 진묘수들은 무령왕릉의 것과 크기가 비슷하며 재질은 돌도 있고 흙으로 만든 것도 있다. 형태는 제각각이어서 남중국 일대에 분포하던 물소의 형태를 모델로 삼은 것도 있고 돼지를 변형시킨 것도 있으며, 심지어 악어 모양도 있다.

그런데 무령왕릉의 진묘수는 발굴 당시 오른쪽 뒷다리가 부러진 채로 발견되었다. 발굴조사자들은 보고서에서 왕비를 추가로 매장할 때 당시 사람들의 부주의로 넘어뜨렸을 가능성이 있다고 생각하였다. 그러나 중국 남경 일대 남조시대 무덤에서 출토되고 있는 진묘수들도 모두 뒷다리 한쪽이 부러져 있다. 특히 무령왕릉 진묘수와 형태적으로 유사도가 가장 높은 영산대묘의 진묘수도 다리가 부러져 있다.

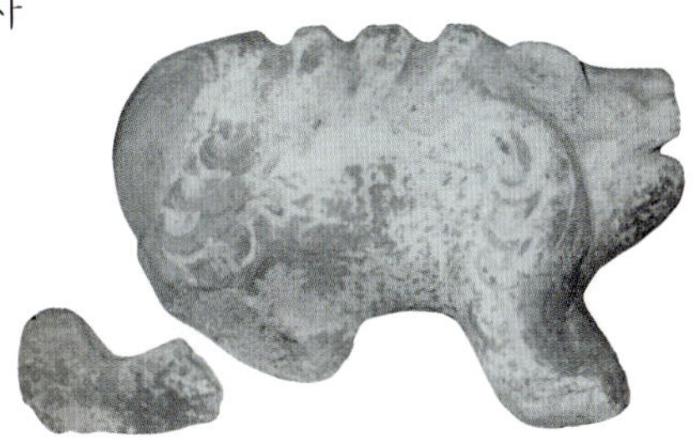

무령왕릉 출토 당시 진묘수

그렇다면 무령왕릉의 진묘수의 다리가 부러진 것은 우연한 사건 혹은 추가 매장 때의 실수라기보다는 고의적인 행위의 결과로 보아야 할 것이다. 무령왕은 523년에 돌아가셔서 27개월 동안 빈전에 모셔져 있다가 525년 현재의 송산리 무덤에 안장될 때 진묘수

중국 남경 영산대묘의 진묘수

도 함께 묻혔다. 이때 진묘수의 다리 4개는 모두 정상적이었다. 그러나 526년 돌아가신 왕비를 529년에 무령왕에게 합장할 때 진묘수의 오른쪽 뒷다리를 부러뜨린 것이다. 당시 백제 사람들은 무덤을 지키던 진묘수가 무덤의 문이 다시 열리자 도망갈 우려가 있다고 생각하고, 진묘수가 도망가는 것을 막기 위해 오른쪽 뒷다리를 부러뜨린 것

이다. 진묘수의 뒷다리를 부러뜨리는 풍습에서도 백제는 중국 남조
국가와 공통성을 보이는 것이다.

3. 신라·가야의 장례풍습

신라의 장례풍습을 잘 보여주는 것으로는 『삼국사기』 지증왕 3년(502)
에 보이는 순장 금지 기록이 있다. 이전에는 국왕이 죽으면 남녀 각
다섯 명씩을 순장해왔으나, 이제는 이를 금한다는 내용이다. 6세기
초에 지증왕에 의해 순장을 금하는 명령이 내려졌다는 것은 이전까지
순장이 보편적이었음을 보여준다.

　　신라 고분에서 순장이 실시되었던 유명한 예는 경주 대릉원에 있
는 황남대총이다. 1973년부터 2년여에 걸쳐 발굴 조사된 황남대총은
남과 북 두 개의 무덤이 이어져 있는데, 남쪽 무덤에서는 지배자의 상
징인 환두대도가 출토되
어 묻힌 이가 왕으로 추정
된다. 북쪽 무덤에서는 신
라금관 가운데 가장 장식
이 많고 화려한 금관과
'부인대'(夫人帶)라고 새
겨져 있는 허리띠가 출토
되었다. 따라서 남쪽 무덤
은 남편, 북쪽 무덤은 부

황남대총 남분 발굴

인의 묘이다. 그런데 남쪽 무덤에서는 60대 남자
가 관에 안치되어 있고, 15세 여자로 밝혀진 순
장자가 관 밖에 묻혀 있었다. 이 소녀는 첩이
나 시녀였을 것이다.

　이와 같은 순장이 당시 수도인 경주에
서만 이루어진 것은 아니다. 신라에 복속되기
전에 압독국이라는 소국이 있었던 경산의 임당
동 고분에는 압독국의 우두머리와 그 후예들이 집단적
으로 묻혀 있다. 여기서도 순장의 흔적이 많이 확인되었다. 무덤에서
발굴된 유물은 대부분 3~6세기 사이의 것으로 밝혀졌다. 그 유물들을
모두 걷어내자 무덤의 가장 낮은 자리에서 상당수의 인골이 나타났
다. 길이가 4미터나 되는 구덩이 속 무너져 내린 돌무더기 사이에 세
사람이 머리 방향을 달리하고 누워 있었다. 그 옆의 구덩이에서도 선

신라 토우

성적 특징이 강조된 인물 토우

명하게 남아 있는 두 사람의 인골이 발견됐다. 한 무덤 안에 다섯 명의 시신이 함께 묻혀 있는 이상한 죽음이다. 주인공이 묻혀 있는 주곽이 있고 옆에 부곽이 따로 있어, 두 개의 관이 하나의 큰 무덤을 이룬다. 일반적인 무덤의 모습과는 확연히 다르다.

주곽에 묻힌 세 사람 가운데 머리 방향을 동쪽으로 둔 이의 주변에서 화려한 장신구들이 출토됐다. 머리에 쓰는 금동관과 세밀한 장식의 은제 허리띠, 길고 큰 칼 등의 유물은 무덤의 주인공이 강력한 지배자였음을 말해준다. 별다른 유물 없이 주인공의 반대편에 누워 있는 사람들은 지배자를 위해 함께 묻힌 사람들이다.

순장을 입증하려면 한 무덤에 묻힌 사람들의 신분 차이뿐 아니라, 이들이 한꺼번에 묻혔다는 사실을 밝힐 수 있어야 한다. 봉분의 판축 상태를 확인한 결과 봉토를 쌓은 뒤 한 번도 건드리지 않았음을

지산동 44호 주석실과 서·남석실

알 수 있었다. 무덤의 주인
이 죽자 구덩이 안에 나무
곽을 만들었다. 화려한 장
신구를 착용한 주인공이 곽
안에 안치되고, 반대 방향
으로 순장자들이 놓여졌다.
그리고 뚜껑을 덮고 한 층
한 층 봉토를 쌓아올렸다.

지산동 44호 순장

　이와 같이 순장이 보편적으로 행해지고 있을 때의 무덤에서는 토
우 역시 많이 출토되었다. 토우란 토기에 붙어 있는 인형이다. 그러나
넓은 의미에서 사람 형상뿐 아니라 동물이나 집, 생활용구 등이 모두
포함되는데 장난감과 주술적 우상, 그리고 무덤에 넣기 위한 부장품
등의 성격을 갖고 있다. 토우는 남녀의 성적 특징과 성생활, 출산 등
을 사실적으로 표현한 것이 많다. 이는 남녀가 서로 만나 사랑을 하고
결혼을 하여 아이를 출산하는 것과 같이 무덤 속의 주인공도 부활하
기를 바라는 마음에서 비롯된 것이다. 또한 토우 말고도 당시 무덤의
부장품으로 배(舟), 짚신, 수레, 말 모양의 토기들이 발견되었는데, 여
기에는 죽은 자의 영혼을 저승까지 무사히 도착하게 한다는 의미가
깃들어 있다.

　한편 가야 지역에서도 순장은 보편적으로 행해지고 있었다. 그
대표적인 예는 고령 지산동 고분군이다. 5~6세기 무렵에 만들어진 이
무덤들에는 대가야 왕족들이 묻혀 있다. 그중 지름 27미터, 높이 6미
터에 이르는 지산동고분군 가운데서도 가장 큰 44호분은 대가야 최고

지배자급의 무덤으로 알려져 있다.

무덤은 3개의 큰 돌방을 32개의 석곽이 부챗살 모양으로 감싸고 있는 형태이다. 주인공은 돌방 중에서도 가장 크고 중심이 되는 방에 묻혀 있었고, 그 방의 한 구석과 나머지 2개의 방에는 순장당한 사람이 있었다. 주위에 있는 32개의 석곽에도 대개 한명씩 순장당한 인골이 발견되었다. 결국 이 무덤 안에 적어도 36명 이상이 순장되어 있는 셈이다.

또한 김해의 대성동 고분군은 금관가야 왕족들의 무덤이다. 여기에서도 역시 5명 안팎의 사람들이 순장당한 흔적이 발견되었다. 부산 동래의 복천동 고분 중 5세기 무렵에 해당되는 것에서도 순장 인골이 나왔다. 이밖에도 상주·창녕·함안 등 경상도 각지의 가야 무덤에서 순장의 흔적이 발견되고 있다.

이와 같이 순장의 흔적이 발견되는 고분군은 3~6세기 사이의 무덤이다. 따라서 신라·가야의 지배층 사이에서 순장이 매우 널리 행해졌음을 알 수 있다.

순장이 행해진 배경에는 당시 사람들이 갖고 있던 죽음에 대한 생각, 즉 내세관이 깔려 있다. 고대인들은 사람이 죽은 후에 언젠가는 다시 살아나거나 저세상에 가서도 계속 살아간다고 믿었다. 또한 생전의 생활을 그대로 누릴 수 있다고 믿었다. 많은 물자와 노동력을 들여서 거대한 무덤을 만든 이유는 죽은 사람이 환생할 때까지 시신을 안전하게 보호하기 위해서였다.

사회가 발전하면서 순장은 점차 '예(禮)에서 벗어난 행위'로 간주되었고, 마침내 국가에서 공식적으로 금지하기에 이르렀다. 이는 인간의 존엄성에 대한 인식이 높아졌음을 의미한다. 물론 국가의 명에 따르지 않고 불법적으로 순장을 행한 경우도 없지는 않았을 것이다. 하지만 대부분의 경우는 사람을 직접 순장하는 대신 다른 방도를 찾게 되었다. 여기서 등장한 것이 토용이다.

토용은 순장을 대신하는 흙으로 빚은 인형을 뜻한다. 순장이 행해지던 시대의 무덤에서는 토용이 발견되지 않았다. 7~8세기 통일신라 무덤인 경주 황성동·용강동 고분에서는 성별·나이·직책 등이 다양한 여러 개의 토용이 발견되었다. 토용 가운데는 죽음을 애도하는 듯 무릎을 끊고 있거나 엎드려 울고 있는 형태가 있다. 이런 사실로 미루어 토용이 순장의 대체물임을 더욱 분명히 알 수 있다.

경주 용강동 고분 출토 토용

산 사람을 강제로 죽여 묻는 순장 제도는 사람들 사이의 강한 지배와 예속 관계를 보여준다. 이렇게 개인의 인격적 자립도가 대단히 낮았다는 것이 고대사회의 한 특징이라 할 수 있다. 순장이 점차 소멸된 것은, 그만큼 사회가 발전하고 인간의 지위가 일반적으로 향상되어갔음을 의미한다.

토기란 넓은 의미로는 흙으로 만든 모든 종류의 그릇을 일컫는다. 따라서 흙을 물에 개어 반죽한 덩어리를 손이나 물레로 빚어 구워낸 그릇을 모두 토기라고 할 수 있다. 그러나 보통 토기라고 하면 비교적 낮은 온도에서 유약을 칠하지 않고 진흙만을 빚어 만든 그릇을 의미한다. 우리나라에서는 주로 신석기시대부터 통일신라시대까지 사용된 모든 용기류를 토기라고 일컫는데, 이때의 그릇들은 낮은 온도에서 한 번 구워내는 방법으로 제작되었기 때문이다.

최초의 토기는 진흙이 햇빛을 받아 마르면 단단해진다는 사실을 알게 된 사람들이 진흙을 물에 반죽하여 모양을 만들어 햇볕에 말리거나, 풀이나 나무줄기로 만든 바구니에 진흙을 발라 말리는 방법으로 제작되었을 것이다. 그러다가 우연히 불길 속에 있던 진흙용기가 더욱 단단해져 사용에 편리한 것을 알게 되어, 결국 불에 굽는

4장

토기의 발달

기술을 터득하게 되었을 것이다. 이후 토기 제작기술은 급진적으로 발전하게 되었을 것이고, 시간이 지날수록 낮은 온도에서 굽던 것이 점차 높은 온도에서 굽는 기술로 발전되었을 깃이다.

토기는 순수한 우리말로 질그릇이라고도 하는데 비교적 표면이 거칠고 광택이 없는 것이 특징이다. 후에 진흙으로 그릇 형태를 만들고 오짓물(잿물)을 표면에 칠한 다음 구워내어 표면에 윤이 나는 토기를 얻게 되었는데, 이를 옹기 또는 오지그릇이라고 한다. 기술이 더욱 발전되어 찰흙을 사용하여 매우 높은 온도에서 구운 그릇을 토기와 구분하여 자기(瓷器)라고 부른다. 따라서 자기는 흙으로 빚어 만든 모든 그릇의 꽃이라고 할 수 있다.

Ⅰ. 토기의 발달

토기는 시대와 문화의 변천에 따라 신석기시대의 빗살무늬토기, 청동기시대의 민무늬토기(無文土器, 무늬가 없는 토기), 철기시대와 삼국 초기의 와질토기(瓦質土器, 기와와 비슷한 질감의 토기), 연질토기(軟質土器, 부드러운 토기), 경질토기(硬質土器, 굳은 토기), 그리고 삼국시대 중기 이후와 통일신라시대의 토기로 구분할 수 있다.

1. 빗살무늬토기와 덧무늬토기

우리나라 최초의 토기는 신석기시대의 빗살무늬토기(櫛文土器)와 덧무늬토기(隆起文土器)이다. 빗살무늬토기는 표면에 빗살무늬가 그려진 토기이다. 무늬의 구성이 선과 점을 배합하였다 하여 기하문(幾何文)토기라 하기도 하고, 무늬가 있다고 하여 유문(有文)토기라고도 한다. 덧무늬토기는 한반도의 동해안과 남해안에서 신석기시대 초기 것부터 발견되는데 흙으로 된 띠를 붙여서 장식했고 바닥이 납작하다.

빗살무늬토기   덧무늬토기

완성된 토기가 나오기까지는 4~5단계의 공정을 거친다. 첫 단계
는 원료인 점토를 채취하고 태토에 첨가할 재료를 준비하는 것이다.
두 번째 단계는 재료를 이용해 모양을 만든 후 표면을 정리하고 문양
을 새기는 장식 단계이다. 세 번째와 네 번째 단계에서는 만들어진 토
기를 건조시키고, 이를 구워낸다. 토기는 600~800℃의 낮은 온도에서
굽기 때문에 산화철의 작용으로 대체로 적갈색을 띤다.

신석기시대부터 청동기시대까지는 토기를 만드는 데 물레를 사
용하지 않았다. 따라서 이 당시에는 손빚음법(手捏法), 테쌓기(輪積
法), 서리기(卷上法) 등으로 토기를 제작하였다. 손빚음법은 아주 기
본적인 기법으로 태토를 그냥 손으로 늘리거나 우묵하게 하여 그릇
모양을 이루는 것이다. 따라서 그릇의 형태가 일정하지 않으며 작은
그릇을 만드는 데 주로 사용하였다. 서리기법은 태토를 손으로 비벼
일정한 흙띠를 만든 다음 이 흙띠를 감아올려 그릇의 형태를 만든다.
우리나라 신석기시대 토기는 이 방법으로 만든 것이 많다.

2. 민무늬토기(無文土器)

청동기시대에 들어오면 토기는 대체로 표면에 문양장식이 사라지게
되는데 흔히 민무늬토기(無文土器)라고 부른다. 민무늬토기는 그릇의
표면에 문양을 넣지 않고, 평평한 바닥(납작바닥)을 기본으로 하는 그
릇 형태로서 굵은 모래알이 섞인 태토로 만든 것이 특징이다. 또한 무
늬를 넣는 과정이 생략된 대신 조형에 많은 정성을 들이기도 하였다.

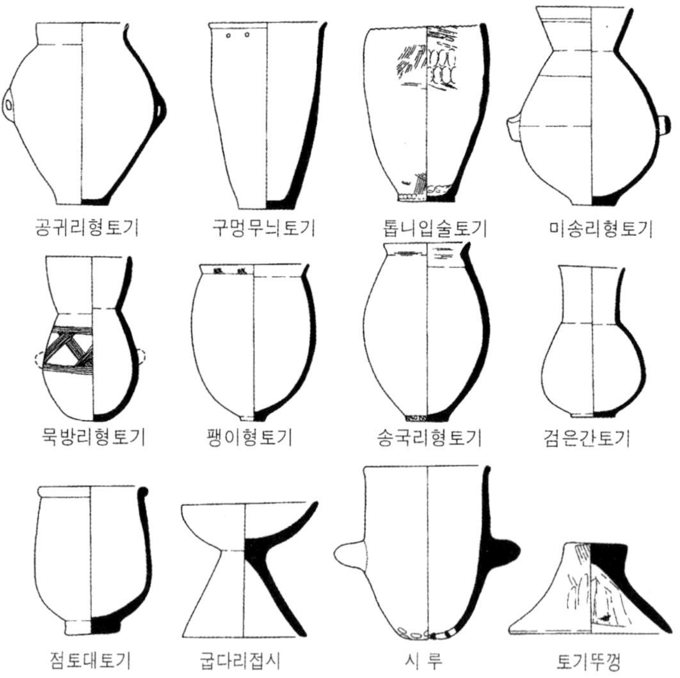

청동기 · 초기 철기시대의 토기

홍도　　　　　　　　　흑도장경호

　이 시기에는 빗살무늬토기와 같이 손으로 빚어 야외요(공기 중에 노출된 상태에서 구워내는 가마)에서 700~900℃의 낮은 온도로 구워내는 방법으로 여러 종류의 토기를 만들었다. 민무늬토기는 야외요에서 구워 대체로 질이 무르고 흡수성이 강하다. 청동기시대에는 신석기시대보다 다양한 모양의 그릇이 나타나고 지역적으로 다양한 토기문화가 발전하게 된다.

　대체로 민무늬토기의 용도는 일상용(취사, 저장)과 의식용(제사를 지내거나 무덤에 넣기 위한 부장용)으로 구분된다. 일상용 민무늬토기는 모래가 섞여 단단하고 실용적이어서 당시 널리 사용되었다. 의식용인 흑도(黑陶, 검은색 그릇), 홍도(紅陶, 붉은색 그릇)는 불순물을 제거한 고운 진흙을 사용하여 만들었다. 그중 흑도는 중국에서 발달된 회도(灰陶, 회색 그릇)의 영향을 받아 와질토기로 발전하게 된다.

3. 와질토기(瓦質土器)

와질토기란 민무늬토기보다 약간 높은 온도에서 구운 회색, 회흑색, 흑색, 적갈색의 토기로 질감과 굳기가 기와와 비슷하여 붙여진 이름이다. 흑도와 중국 회도의 영향을 받아 발전한 와질토기의 공통점은 태토정선, 물레 내지는 회전판에 의한 성형, 내박자의 사용, 높은 온도에서 견딜 수 있는 가마를 사용한 점 등이다.

태토정선이란 태토의 불순물을 제거하여 순도를 높이는 것을 의미한다. 그리고 물레 또는 회전판이 사용되었음은 무문토기와 달리 와질토기가 좌우 균형이 잡혀 있는 것으로 알 수 있으며, 몸통 부분에 둘러진 평행선이나 나선에서도 짐작할 수 있다. 그러나 당시 한반도에 물레가 존재하였음을 구체적으로 증명하는 것은 낙랑 지역의 토기뿐이며, 나머지 지역에서는 물레가 사용되었다 하더라도 단순한 회전판의 역할만 했을 것으로 추측된다.

내박자는 토기 표면을 두드릴 때 두드리는 힘이 토기 벽에 전달되어 안으로 들어가는 것을 막기 위해 내면에 대는 것을 말한다. 내박

와질토기

자는 흙을 구워서 만든 것과 나무를 조각하여 만든 것 등
이 있다.

　가마를 만들지 않고 노천에서 토기를 굽게
되면 흙 속에 있는 철분이 공기 중의 산소와
결합하여 붉은색을 띠게 되고, 그릇도 쇳
가루의 함량에 따라 황색에서 다
갈색, 적갈색이 된다. 빗살무
늬토기나 무문토기는 야외
의 평지나 웅덩이 같은 곳에
서 구워졌기 때문에 적, 황,
갈색 계통의 색을 띤다. 그
러나 가마에 공기의 유입이

밀폐가마 복원도

차단되게 만들어 장작불을 때면 흙 속에 있는 쇳가루의 녹이 벗겨져
그릇의 색이 청색을 머금은 회색, 회흑색이 된다. 이렇게 산소의 공급
이 차단된 상태에서 그릇을 구워내는 것은 노천의 가마에서는 불가능
하며 높은 온도에서 견딜 수 있는 가마를 사용해야 한다.

　또한 와질토기는 집터나 조갯더미 같은 생활유적보다는 주로 무
덤유적에서 많이 출토되고 있다. 따라서 와질토기 자체가 청동기시대
의 홍도, 채문토기, 흑도 등과 마찬가지로 무덤에 부장하기 위한 특수
한 목적의 용도로 제작된 것으로 보인다.

4. 연질토기와 경질토기

연질토기(軟質土器)

연질토기는 중국의 영향을 받아 바닥이 넓고 평평하며 몸통에 문살무늬(格子文), 삿무늬 등의 두드림무늬(打捺文)가 있거나, 빗질이 되어 있는 토기를 의미한다.

그릇의 모양에는 둥근바닥 항아리, 목이 바라진 항아리, 계란 모양의 토기, 쇠뿔손잡이 항아리, 굽다리접시, 시루, 쟁반 등이 있다. 와질토기처럼 회색을 띠는 것도 있으나, 민무늬토기처럼 모래가 섞인 태토로 노천에서 구워 적갈색을 띠는 것이 많다.

연질토기는 기원전 2세기 와질토기와 같이 중국 토기의 영향을 받아 제작되기 시작하였으나, 기원후 3세기 후반에 등장하는 회청색 경질토기에 밀려 4세기 이후에는 현저히 줄어들었다. 와질토기가 특수 목적용 토기로서 부장용과 의식용으로 많이 사용된 반면 연질토기는 일상생활용 토기로 주로 사용되었다.

연질토기

경질토기(硬質土器)

기원후 3세기 후반이 되면 땅속에서 그릇을 굽는 굴가마(登窯)가 개발되어 1,000℃ 이상의 고온에서 산소 공급이 차단된 상태로 토기를 굽는 것이 가능해져 회청색의 단단한 경질토기가 만들어진다.

초기에는 굽다리접시, 둥근바닥 항아리, 굽다리 항아리 등 단순한 종류의 토기가 제작되다가, 4세기 이후 본격적으로 여러 종류의 경질토기가 제작되면서 대신 민무늬토기가 소멸한다. 또한 종래의 와질토기가 경질토기로 전환되면서 연질토기의 제작은 차츰 줄어들게 되었다.

경질토기

Ⅱ. 삼국 및 통일신라의 토기

1. 고구려의 토기

고구려의 토기는 발견된 유물이 매우 적어 정확한 양식을 판정하기 어려우나 지역적으로 중국과 인접하여 한대(漢代)의 토기양식과 연관 지어볼 수 있고, 신라의 토기에 영향을 미쳤다.

대부분 납작밑(平底, 바닥이 평평한 형태)이며, 손잡이가 네 개 달린 항아리, 배 부른 단지, 깊은 바리 등이 대표적인 유물이다. 초기 3세기 이전에는 모래 섞인 태토로 빚은 엷은 갈색 계통의 토기와 검은색 토기 등이 만들어졌고, 단지, 잔, 항아리 등이 발견된다.

중기인 4~5세기에 접어들면 종류도 다양해지고 고운 점토질의 태토로 비교적 높은 온도에서 구운 회색, 황갈색의 토기가 나타나는 데, 어깨나 몸통 부분에 간단한 줄무늬를 넣은 것도 있다.

중국의 한(漢)과 육조(六朝)의 영향을 받아 황갈색의 유약을 바른 토기가 제작되었고, 6세기 이후에는 토기의 종류가 다양해져 생활용구인 벼루, 베개, 거울 등이 출토되고 있다.

고구려 토기

2. 백제의 토기

백제는 청동기시대의 민무늬토기나 초기 삼국시대의 회색 토기 등을
만드는 전통적인 제작기법을 바탕으로 낙랑의 토기 제작기술을 새로
이 받아들여 녹자적인 토기문화를 이룩하였다. 백제의 토기는 고구려
나 신라의 토기에 비해 장식성은 약한 대신 실용성이 강조되었으며,
타날문이 오랫동안 지속되는 특징을 보인다. 또한 5세기부터는 중국
육조시대의 청자 등과 같은 도자기의 영향이 더해져 시기와 지역에
따라 다양한 변화와 발전을 보인다.

　　백제 초기에는 연질토기, 회(흑)색민무늬토기 등이 주로 발견되
고, 3세기 중엽이 되면 검은간토기(黑陶)를 비롯해 긴계란모양항아리

백제 토기

(長卵型土器), 어깨 있는 항아리(有肩壺) 등과 함께 한(漢)의 영향을 받아 높은 온도에서 환원소성된 토기들이 만들어졌다.

한성시대에는 중국의 육조와 긴밀한 교류관계를 가지면서 백제 초기단계부터 발견되는 전형적인 토기인 짧은목항아리(直口短頸壺)나 세발토기(三足土器)에도 중국적인 요소가 많이 섞이게 된다.

웅진과 사비시대에는 한성시대의 토기 전통이 이어지면서 몇 가지 새로운 기종이 추가되고 기형도 변화하는데, 그릇받침의 경우 장식성이 더욱 높아지고, 곧은목단지(直口壺)의 어깨문양대가 사라지며 몸체가 둥글어진다. 그리고 사비시대에도 중국 자기의 영향을 받아 네 귀 달린 긴목항아리(四耳附長頸壺)나 토기 표면에 녹유를 입힌 연유도기(鉛釉陶器)가 만들어진다.

웅진·사비시대 백제 토기

3. 신라의 토기

신라의 토기는 물레를 이용하여 토기를 빚고 굴가마 속에서 1,000℃ 이상의 고온으로 구워냈으나, 유약은 바르지 않았다. 그러나 고온에 의해 태토 속의 규산이 녹아 그릇 표면에 스며나와 녹으면서 담녹색의 자연유약을 입힌 것처럼 색깔이 나타나는 것이 있다. 종류로는 그릇받침, 잔, 항아리, 목항아리, 굽다리, 단지, 독 등의 생활용기와 인물형·동물형의 배, 수레, 등잔 등의 상형 토기가 있다.

처음에는 가야 토기와 동일한 형태로 제작되었으나, 5세기가 되면서 신라 토기의 특징이 나타나 토기의 색깔이 회색으로 되고 굽구멍이 서로 엇갈려 뚫려 있는 것도 많다. 목항아리나 굽다리접시의 뚜껑에 동물이나 인물을 작게 만든 토우(土偶)가 붙어 있는 것도 신라 토기의 특징이다. 토우의 종류에는 사냥하는 인물, 가야금을 타는 사람, 춤추는 장면 등 일상생활에서 얻은 소재와 뱀, 거북, 개구리 등이 표현된 것들이 있다.

후기가 되면 토기들이 전반적으로 굽다리가 높아지고 기형도 단순해져 통일신라 토기로의 이행이 일어난다.

신라 토기

4. 가야의 토기

가야의 토기는 신라 토기와 마찬가지로 회청색 경질토기와 적갈색 연질토기가 있으며 그 종류도 항아리, 목항아리, 단지, 그릇받침, 시루, 굽다리접시 등이 있다. 토기의 형태는 신라의 것과 비슷하나 보다 날렵하고 세련되었으며, 신라 것에서는 흔히 볼 수 없는 동물, 집, 수레 등의 상형토기와 용도를 알 수 없는 이형토기(異形土器, 특이한 형태의 토기)가 많은 것이 특징이다. 이형토기들은 모두 내공(內空, 속이 비어 있음)이고 그릇 중심에 잔모양(杯形)의 구멍이 뚫리고 말 모양이나 물새 모양일 때에는 입에도 구멍이 나 있어 사실적이라기보다는 의식적인 면이 농후하다.

가야 토기

가야 토기와 신라 토기의 특징은 굽다리접시에서 잘 나타나는데 신라양식은 굽다리의 구멍이 아래위가 어긋나게 배치되어 있고 가야양식은 투창(굽다리의 구멍)이 일자형으로 배치되어 위아래의 구멍이 수직선상에 뚫려 있다.

5. 통일신라의 토기

7세기 중반, 한반도가 신라에 의해서 통일된 후 경주 지역을 중심으로 새로운 귀족문화가 전개되면서 그릇이나 생활용기에도 많은 변화가 생기게 되었다. 당시에 제작된 그릇들은 재료에 따라 종류가 무척 다양했으며, 이를 사용하는 계층이나 용도에도 구분이 있었던 것 같다. 고급 그릇이라 할 수 있는 금속기와 칠기, 중국에서 수입한 도자기 등은 왕실이나 고급 관료층, 사원 등에서 주로 사용했고, 토기는 모든 사람들의 일상생활에서 여러 가지 용도로 제작, 활용되었다. 다양한 형태의 토기들 중에는 사발, 접시, 완과 같은 생활에 꼭 필요한 그릇들이 많아 토기가 식생활 문화의 중심에 자리 잡고 있었음을 알 수 있다.

통일신라 토기의 전반적인 성격을 보면 중국 금속그릇의 영향을 받아 기형과 문양이 변화하였으며, 제기(祭器, 제사에 사용되는 그릇)적 성격이 짙은 신라 토기에 비하여 실용성이 강조되고 있었음을 알 수 있다.

삼국이 통일된 후 신라 토기에 일어난 주된 변화로는 기형(器形, 그릇의 형태)과 표면장식 처리를 들 수 있다. 장경호(長頸壺, 목이 긴 항아리), 유개고배(有蓋苦杯, 뚜껑 있는 굽다리 접시), 이형토기 등이 자취를 감추고 대신 긴 병, 무개고배(無蓋高杯, 뚜껑 없는 굽다리 접시), 유개합(有蓋盒, 뚜껑 있는 둥글넓적한 그릇) 등이 나타나며 고배(高杯) 같은 것은 받침이 짧고 투박해진다. 고배의 축소화 현상은 삼국시대보다 심해지는데 굽다리에

통일신라 토기

통일신라 토기

투창을 뚫을 수 없을 정도로 낮아져 전체적으로 왜소한 느낌을 준다.

　표면장식 처리를 보면 삼국시대에는 무늬를 하나씩 새겼으나 통일신라시대에는 당(唐)의 영향을 받아 각종 꽃무늬 또는 기하학무늬가 새겨진 도장으로 전면에 무늬를 찍는 것이 특징이었고 간혹 표면에 연유(鉛釉, 납 성분의 유약)를 바른 녹색 또는 황록색의 시유토기(施釉土器)도 발견된다. 신라시대에 비해 다양하지는 않으나 한 단계 발전한 것으로 볼 수 있다. 그릇 모양도 형태가 세련되었고 본격적으로 유약을 입히게 되었다.

III. 고려 및 조선의 토기

1. 고려시대의 토기

고려시대의 토기는 고려청자에 가려 언급되지 않는 경우
가 많았다. 그러나 청자가 두드러지게 발달했어도 토기
의 제작은 여전히 계속되었고, 조선시대에 이르러 분
청사기와 백자의 제작이 활발했지만 조선 토기도 계
속하여 만들어졌다.

고려 초기에는 신라 토기의 계승이라 볼 수 있는
회청색 토기가 만들어지다가 곧 청자가 발달하게
된다. 이 시기의 토기는 유약을 입히지 않은 토
기로서, 그릇 형태는 매병(梅瓶, 입이 좁고 어
깨부분이 크며 밑이 홀쭉하게 생긴 병), 참외
모양 주전자, 표주박 모양 병 등 전형적인 청자
에서 볼 수 있는 고려 특유의 모양으로 나타난다.

용도를 보면 일상생활에 널리 쓰이는 물독,

고려 토기

술독, 쌀과 과일의 저장용기 등으로 주로 쓰였고, 드물게는 의식용 정병(靜瓶, 입이 좁고 목은 길며 몸통은 참외 모양인 병으로 정성을 들일 때 물을 담아 쓰던 병) 등으로 제작되기도 하였다.

참외 모양 주전자, 매병, 술병 등 다양한 종류의 청자가 제작된 것을 보면 당시의 청자는 사용자의 신분이나 생활수준에 맞추어 필요에 따라 다양하게 제작되었음을 알 수 있다.

2. 조선시대의 토기

조선시대에는 분청사기와 백자가 많이 사용되었지만 토기도 여전히 제작되었다. 전국적으로 생활에 널리 쓰이는 옹기류들과 함께 백자의 기형을 본떠 제작한 회흑색의 작은 항아리, 단지, 기름병, 자라병 등의 토기가 만들어졌으며, 회흑색의 연질 시루, 화로, 찬합 등이 생활에 이용되었다. 19세기 백자병을 닮은 몸체가 풍만하고 길게 뻗어 올라간 술병이나 양념단지, 꿀단지를 닮은 둥근 항아리, 그리고 오물을 담아 나르던 장군 등과 기름병, 손잡이 달린 탕기 등이 토기로 제작되었다. 조선시대 후기에는 표면에 기름을 칠한 흑갈색의 옹기류들이 생활에 널리 쓰였으며,

조선 초기 옹기

회흑색의 경질·연질토기류 역시 옹기류 그릇 모양이나 백자의 그릇
모양을 본 따 제작되어 생활에 이용되었다. 그러나 회흑색의 경질토
기들은 표면에 기름을 칠한 옹기류에 점차 밀려나 사라지게 되었고
시루 등에서만 겨우 명맥을 유지하게 되었다.

사찰, 즉 가람은 석가모니의 사리를 모시기 위해 만든 스투파(Stupa, 佛塔)에서 시작되었다. 가람은 범어의 승가람마(sangharama, 僧伽藍摩)에서 유래된 것으로, 승려들이 모여 불도를 닦는 곳을 의미한다. 가람의 성립은 불탑의 숭배라는 측면과 승중(僧衆)의 주소라는 측면에서 찾을 수 있다. 기원전 2세기에 인도에서 가람의 형태가 처음 나타나는데, 아소카 왕이 건립한 산치(Sanchi) 대탑이 대표적이다.

초기 불교에서는 불탑이 예불의 주된 대상이었으나, 1세기경 간다라(Gandare)와 마투라(Mathura) 지방에서 불상이 출현함에 따라 불상을 모신 불당과 불탑이 함께 놓인 가람 배치가 형성되었다. 불교가 동진(東進)하면서 가람 배치는 시대와 국가에 따라 다양한 형식으로 변화, 발전하였다. 동아시아의 가람 배치는 중국의 궁궐 건축과 인도 불탑의 여러 요소가 복합되어 형성된다.

우리나라에 불교가 전래된 후 사찰은 제도화된 유일한 종교기관이었다. 지역에 따라 고립·개별화되었던 민간신앙과 달리 사찰은 전국적으로 보편적인 제도와 시설을

5장

사찰과 불교문화

갖추고 운영되었으며, 왕실과 귀족뿐만 아니라 일반 백성들까지 두루 다닐 수 있었다. 고려시대와 조선 전기에는 전국에 1만 개가 넘는 사찰이 있었으며, 그 규모도 왕궁을 능가하는 것에서부터 지방사회의 중심지에 세워진 중간 규모 사찰과 산속에 자리 잡은 작은 암자에 이르기까지 매우 다양하였다. 이러한 배경에서 사회 구성원 대부분은 어떠한 형태로든 사찰을 통해 종교생활을 하였고, 사찰을 매개로 종교문화를 발전시켜 나갔다.

전통사찰은 우리 문화의 핵심을 잘 보존하고 있는 우리 문화의 보고라 할 수 있다. 특히 옛 건축과 조각을 이해하는 데 있어서 사찰은 빠트릴 수 없는 연구대상이고, 이는 출판과 회화, 공예의 경우에도 마찬가지다. 또한 불상과 탑을 비롯한 각 구성 요소들이 갖는 의미와 그에 대한 신앙 모습은 당시의 정신문화를 이해하는 데 대단히 중요한 정보를 제공할 뿐 아니라 오늘날 바람직한 종교문화를 수립하는 데도 훌륭한 참조점이 된다.

I. 사찰은 왜 산속에만 있는가

우리나라 사찰은 크게 평지사찰, 산지사찰, 석굴사원 세 가지 유형으로 발전하였다. 평지사찰은 도심 중심부에 위치하면서 장엄한 건축물이 있는 것이 보통이다. 특히 왕실의 원당(願堂)이나 국찰(國刹) 등으로 많이 건립되었는데, 사람들의 접근이 쉬워 불교 대중화에도 큰 역할을 하였다.

평지사찰과 달리 산지사찰은 깊은 산속에 자리를 잡았다. 신라 말기에 도입된 선종(禪宗)의 영향과 풍수지리설에 의거하여 수도 생활에 적합하도록 설계된 것이 특징이라고 할 수 있다.

석굴사원은 천연 또는 인공의 석굴에 건립하는 사찰로서, 주로 기도를 위한 도량으로 이용되었다. 우리나라의 대표적인 석굴사원으로는 석굴사(암)를 들 수 있다.

사찰은 현실 속에서 고통받는 어리석은 중생들을 구원하는 곳이다. 따라서 중생들 가까운 곳, 즉 도시 중심부에 위치하면서 이들을 구원해야 마땅하다. 그런데 현재 우리나라에 남아 있는 오래된 사찰들은 중생 가까이에 있지 않고 멀리 산속에 위치하는 것이 보통이다.

황룡사 복원 모형

이런 까닭에 사람들은 사찰이란 으레 속세와 멀리 떨어진 산에 있는 것이라는 편견에 사로잡혀, 도심 속에서 만나는 사찰을 이상하게 여기는 경향까지 있다.

그러나 4세기 후반 불교가 전래된 이후 삼국시대와 고려시대의 주요 사찰들은 시가지 중심부에 세워지는 것이 보통이었다. 조선시대의 대표적인 사찰인 원각사도 종로에 세워졌다.

그렇다면 현재 우리나라 도심 중심부에서 역사가 오래된 사찰을 보기 힘든 까닭은 무엇일까? 이는 조선의 건국과 임진왜란 등의 역사적 사건과 관련이 있다. 조선은 불교를 억압하면서 성리학을 국가 이념으로 하여 세워진 나라이다. 조선의 성리학자들과 위정자들은 그들

석굴암 발견 당시의 모습

이 추구하는 이념을 펼치기 위해 삼국시대 이래 도심에 자리 잡고 있던 많은 사찰들을 폐쇄하였다. 조선 태종 6년(1406)에는 전국의 사찰 가운데 242개만을 남겨두고 나머지를 폐사(廢寺)로 만들어 토지와 노비를 몰수하였다. 세종 6년(1424)에는 36개의 사찰만을 남겨두었으며, 승려들의 도성(都城) 출입을 금지하였다.

한편 1592년에 일어난 임진왜란은 7년 동안 조선의 전 국토를 전쟁터로 만들었다. 참혹한 전란의 와중에 그나마 남아 있던 사찰들도 불에 타 사라지는 운명을 맞게 된다. 그 결과 도심 속의 사찰들은 거의 없어지고 상대적으로 전쟁의 상처를 덜 입은 산지사찰들만 남게 되었던 것이다.

　　아래에서는 우리나라의 전통 산지사찰의 공간 구조와 그 속에 남아 있는 건축물들이 무엇을 의미하는 것인지 간략히 살펴보겠다. 우리나라 유형문화재의 90% 이상을 차지하는 사찰을 이해하는 일은 우리 문화의 핵심에 다가서는 첩경이 될 수 있기 때문이다.

1. 삼국시대

1) 고구려

사찰의 중앙에 8각탑이 자리하고 그 동·서·북 3면에 각기 금당이 배치되는 1탑 3금당 양식이다. 북쪽 금당 너머에 강당이 있다.

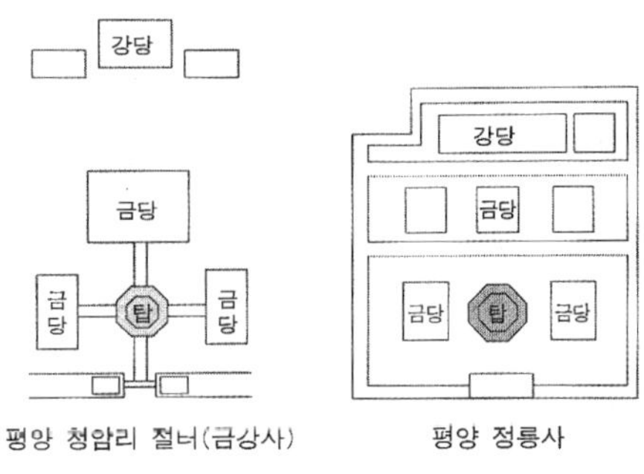

평양 청암리 절터(금강사)　　　　평양 정릉사

2) 백제

남북 축 위에 남문, 탑, 금당, 강당이 일직선으로 배치된 1탑 1금당 양식이 기본이다. 익산 미륵사지는 이러한 구성을 3개 겹쳐놓은 3탑 3금당의 3원 양식이다.

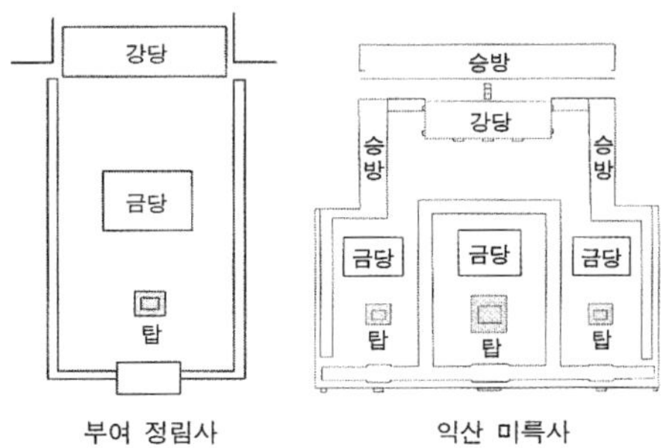

부여 정림사　　　　익산 미륵사

3) 신라

고구려 사찰 구조의 영
향을 받아 3금당 1탑 양
식이나, 고구려에 비해
약간 변형된 형태로 나
타난다. 황룡사는 1자형
3금당 1탑 양식이고, 분
황사는 마름모꼴의 3금
당 1탑 양식이다.

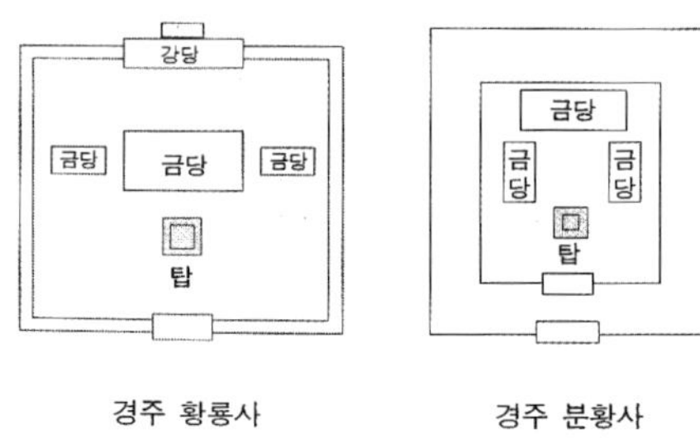

경주 황룡사　　　　경주 분황사

2. 통일신라와 고려

1) 통일신라

금당의 정면 앞 동·서
양쪽에 2기의 탑이 배치
된 1금당 2탑 양식이 나
타났다. 불국사에는 본
전인 대웅전 이외에 극
락전이 덧붙여지기도 하
였다.

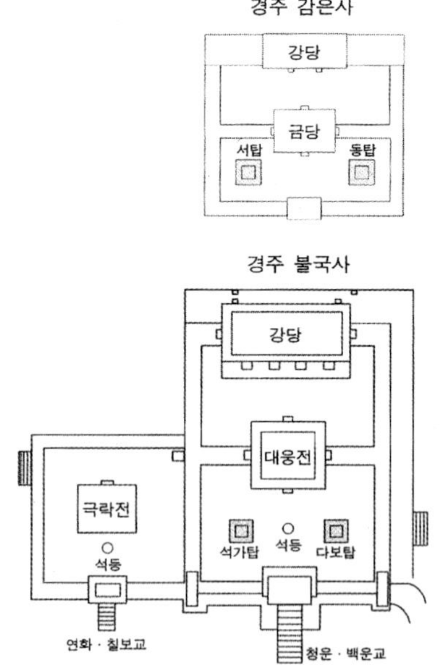

2) 고려

큰 사찰에서는 성격을 달리하는 여러 개의 불전이 구역을 달리하여
세워지기 시작했다. 산에 세워진 절에서는 금당 뒤편에 있던 강당이
절의 입구에 누각의 형태로 옮겨졌다.

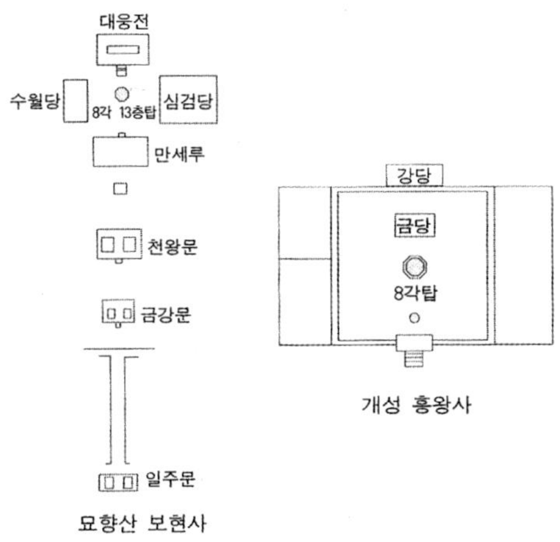

3. 조선

여러 개의 사찰이 통폐합되면서 성격이 다른 여러 개의 불전이 한 구
역 내에 같이 존재하게 되었다. 탑의 비중이 축소되어 탑을 세우지 않
은 경우도 있다. 또한 일주문이 등장하기 시작하고, 법당 바닥에 마루
가 깔린다.

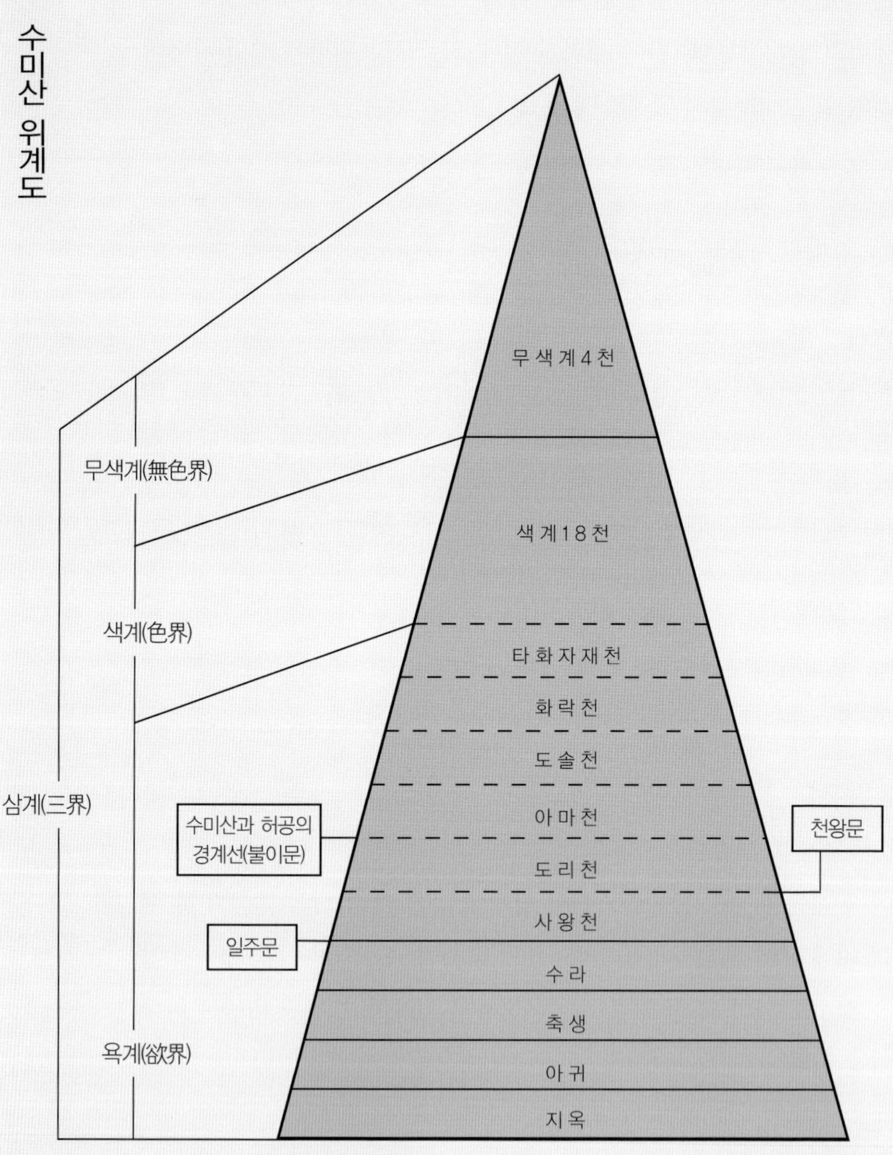
수미산 위계도
무색계 4천
무색계(無色界)
색계 18천
색계(色界)
타화자재천
화락천
도솔천
아마천
수미산과 허공의
경계선(불이문)
도리천
천왕문
삼계(三界)
사왕천
일주문
수라
축생
아귀
욕계(欲界)
지옥

Ⅱ. 해탈의 세 관문— 일주문, 천왕문, 불이문

불교에서는 우주의 중심에 수미산이 있고, 이 산의 정상에 극락세계
가 있다고 본다. 이는 고대 인도인들의 우주관과 밀접한 연관이 있다.
즉 고대 인도인들은 엄청나게 큰 코브라 위에 거북이가 올라타 있고
그 위에 세 마리의 코끼리가 인도를 중심으로 바다에 둘러싸인 원반
모양의 대륙을 떠받치고 있으며, 다시 그 위에 네 마리의 코끼리가 올

고대 인도의 우주관

강릉 굴산사지 당간지주

승주 선암사 목장승

남원 실상사 돌장승

라타 있고 그 위의 주변에 태양, 달 그리고 별들이 돌고 있다고 생각
했다. 그리고 그 위엔 신의 세계가 존재한다고 여겼다. 이러한 우주관
에 따른 불교는 고통의 세속에서 드높은 해탈의 경지를 향해 올라가
는 가르침이다. 절 역시 낮은 차원에서 시작해 점차 높은 차원에 다다
르게 되는 구조로 되어 있다.

산지사찰의 입구에는 당간지주가 서 있다. 당간지주는 사찰임을
표시하는 깃발을 내거는 막대기를 받치는 돌기둥으로서 찰간지주(刹
竿支柱)라고도 한다. 깃발을 거는 막대라는 의미의 당간과 이 당간을
세우는 기둥을 합쳐서 일컫는 말이다. 따라서 당간지주가 있는 곳부
터 사찰임을 알 수 있다. 절에 따라서는 장승이 절의 입구를 장식하기
도 한다.

절의 입구를 나타내는 당간지주를 통과하여 부처님을 만나 뵙기
위해서는 여러 개의 문을 통과해야 한다. 우리나라의 산지사찰에서는

이를 형식화하여 삼문(三門)형식이라고 한다. 중국과 일본의 경우도 마찬가지인데, 세 개의 문을 순서대로 산문(山門), 대문(大門), 중문(中門)이라고 부른다. 우리나라에서는 이를 총칭하여 산문이라고 부른다. 입구부터 일주문, 천왕문, 불이문·해탈문이 있으며, 경우에 따라 일주문과 천왕문 사이에 금강문을 두기도 한다.

1. 일주문

일주문(一柱門)은 사찰로 들어가는 첫 번째 문으로 중생들이 사는 세계와 부처님이 사는 세계를 나누는 경계이다. 이 일주문을 통과하는 것은 부처님의 나라로 들어서게 됨을 의미한다. 일주문은 형태가 독특

부산 범어사 일주문

하다. 보통은 하나로 된 기둥을 네 개 세워 그 사이에 세 개의 문을 만들고 그 위에 지붕을 얹은 형태이다. 지붕 아래로는 절의 이름을 쓴 현판이 걸려 있다. 일종의 문패라고 할 수 있다. 일주(一柱)는 일심(一心)을 의미한다. 신성한 사찰에 들어서기 전에 세속의 번뇌로 흩어진 마음을 하나로 모아 진리의 세계로 향하라는 상징적 의미가 담겨 있다.

2. 천왕문

일주문을 지나 마음을 다잡고 나아가면 두 번째 문인 천왕문(天王門)을 만나게 된다. 천왕문에는 불국정토의 외곽 동서남북을 지키는 수호신들인 사천왕이 배치되어 있다. 동쪽에는 지국천왕, 남쪽에는 증장천왕, 서쪽에는 광목천왕, 북쪽에는 다문천왕이 있으며 갑옷을 걸치고 손에는 무기를 들었으며 발로는 마귀를 밟고 있는 모습이다. 추켜 올라간 눈썹과 부릅뜬 눈에는 위엄이 서려 있다. 사천왕의 특징과 역할은 다음의 표와 같다.

　재미있는 것은 사천왕의 피부색과 그들이 지키고 있는 방위가 저마다 다르다는 사실이다. 이것은 오행설과 관련이 있다.

　오행에서 목(木)은 공간적으로 동쪽에 해당되며 색으로는 청색을 나타낸다. 따라서 동쪽을 지키는 지국천왕의 얼굴은 푸른색으로 단장한다. 화(火)는 공간적으로 남쪽에 해당되며, 색은 적색을 나타낸다. 따라서 남쪽을 지키는 증장천왕의 얼굴은 붉은색을 띤다.

사천왕의 모습

　　오행에서 금(金)은 공간적으로 서쪽에 해당되며, 색은 백색을 나타낸다. 그러므로 서쪽을 지키는 광목천왕의 얼굴은 하얀색으로 단장한다. 수(水)는 공간적으로 북쪽에 해당되며, 색은 흑색을 나타낸다. 따라서 북쪽을 지키는 다문천왕의 얼굴은 흑색을 취하는 것이다.

　　오행에서 토(土)는 공간적으로 중앙에 해당되며, 색은 황색을 나타낸다. 따라서 동서남북의 사천왕에서 둘러싸인 중앙에는 황금색을 띤 부처님이 계신다. 다만 천왕문 중앙에 부처님을 모시지 않은 까닭은 일주문과 천왕문이 수행의 공간적 상황, 즉 불국정토로 향하는 하나의 단계를 상징하기 때문이다. 이들 사천왕을 모신 천왕문은 일반

방위	이름	들고 있는 물건		피부	특징	서원
		오른손	왼손			
동	지국천왕	칼	주먹	청색	다문 입	착한 이에게 복을 주고 악한 자에게는 벌을 주리라
남	증장천왕	용	여의주	적색	성난 눈	만물을 소생시키리라
서	광목천왕	삼지창	보탑	백색	벌린 입	악한 자에게 고통을 주어 불법에 마음을 일으키게 하리라
북	다문천왕	비파		흑색	치아	어리석음의 어둠 속에서 방황하는 중생을 인도하리라

사천왕의 의미

적으로 정면 3칸, 측면 2칸의 맞배지붕 양식을 취하고 있다.

그렇다면 천왕문을 일주문과 불이문 중간에 둔 이유와, 사천왕들을 험상궂은 얼굴로 만든 까닭은 무엇일까? 그것은 사천왕이 부처님 나라를 지키는 수호신이기도 하지만 다른 의미도 있기 때문이다. 불교에서 우주의 중심에는 수미산이 있고, 천왕문은 수미산의 중턱을 나타낸다. 한 구도자가 부처님을 만나 뵙고 성불하기를 염원하며 수미산을 오르기 시작한다. 그러다 수미산의 중턱쯤에 오르면 지치고 힘이 빠져, 출발할 때의 맑고 굳건한 믿음도 어느덧 사라지고 포기하고픈 마음이 생겨난다. 사천왕들은 이 지치고 약해진 구도자의 마음에 깃든 나약한 마음을 뿌리 뽑기 위해 무서운 모습으로 수미산 중턱을 지키고 있는 것이다. 결국 사천왕은 청정도량으로서의 사찰을 지키기 위해서라기보다는 수행자의 마음에 깃든 번뇌와 좌절을 제거하여 다시 일심 정진할 것을 독려하기 위해 거기에 있는 것이다.

3. 불이문·해탈문

불이문(不二門)은 사찰의 중심부인 법당 구역 입구에 있는 문이다. 구
도자는 일주문과 천왕문을 거치면서 번뇌를 잊고 깨달음의 세계에 들
어선다. '불이문'이라는 명칭은 이 깨달음의 세계에서는 부처와 중생
이 다르지 않고, 생과 사, 만남과 이별 역시 근원은 모두 하나라는 뜻
에서 유래하였다.

불이문을 지나기 위해서는 보
통 계단을 올라가야 한다. 이는 계
단 아래의 세계와 계단 위의 세계를
구분하려는 의미이다. 계단은 곧 불
법의 세계인 수미산의 정상에 오르
는 구름다리 같은 것이다. 대표적으
로 경주 불국사의 청운교와 백운교
는 33계단인데, 이는 33천(天)의 도
리천을 뜻하는 것이다.

그런네 이 문들을 통과하지 않
고도 경내에 들어갈 수 있게끔 왼
쪽 오른쪽으로 돌아가는 길을 낸
절도 적지 않다. 비록 넓고 평탄하
다고 하더라도 그 길로 가는 것은
절에 들어가는 올바른 자세가 아니

영암 도갑사 해탈문

영주 부석사 안양문

경주 불국사 청운교

다. 그것은 마치 담을 넘어 가는 것과 다를 바가 없다. 문이 있다면 그 문을 통과하면서 그것을 세운 하나하나의 의미를 되새길 필요가 있기 때문이다.

Ⅲ. 진리를 전하는 사물(四物)

불이문을 지나 경내에 오르면, 정면에는 우선 법당이 보인다. 거기서 왼쪽으로 눈을 돌리면 대개 범종각이 자리 잡고 있는데, 바로 중생을 깨우치는 울림이 나오는 곳이다. 거기에는 흔히 불전 사물이라고 하는 법고·운판·목어·범종이 놓여 있다.

그런데 범종각은 법당(대웅전)에서 볼 때는 오른쪽에 있지만, 사찰 경내로 들어가는 구도자가 볼 때는 왼쪽에 위치하고 있다. 이는 불교의 체용설(體用說)에 입각한 것이다. 체(體)는 움직이지 않고 변하지 않음을 나타낸다. 곧 본질을 의미하는 것으로 왼쪽을 나타낸다. 이에 반해 용(用)은 항상 체에 근거하여 다양한 움직임을 나타내는 것으로서 그 방향은 오른쪽이다. 범종각에 있는 사물은 아침저녁으로 예불할 때 차례로 치는 것이다. 그런데 각각에는 또 다른 의미가 내포되어 있다.

법고의 소리는 사방으로 울려 퍼지며 숲과 들판을 뛰어다니는 동물들에게 가르침을 전한다. 법고를 울릴 때에는 마음 심(心)자를 그리며 두드린다. 또한 법고는 암수 소의 가죽으로 양면을 대어 만든다.

법고

운판

목어

범종

운판(雲板)은 청동이나 철로 만든 구름 모양의 넙적한 판이다. 운판의 소리는 공중으로 날아올라 하늘을 날아다니는 새들이나 허공을 헤매는 영혼들을 구원한다.

목어(木魚)는 나무로 물고기 모양을 만들어 걸어두고 두드리는 것이다. 물고기의 배 부분을 파내어 그 안을 나무 막대기로 두드린다. 물속에 사는 중생을 구제한다는 의미를 가지고 있다. 불교의 여러 의식에서 가장 많이 사용되는 목탁도 목어가 변형되어 생겨난 것이다. 목탁은 목어에서 유래되었기 때문에 그 형태 또한 물고기 모양을 하고 있다. 다만 길쭉한 모양을 취한 목어와는 달리 둥근 형태로 만들어지고, 사실적인 조각이나 색칠보다는 앞부분의 긴 입과 입 옆의 둥근 두 눈으로 물고기임을 나타내고 있다.

범종 소리는 땅속으로 가라앉기 때문에 땅속에 있는 동물과 지옥의 중생들에게 부처님의 가르침을 전한다. 사물 중에서도 범종의 소리는 사람의 마음을 열어주는 장중함을 지니고 있다. 우리나라 범종은 그 형태나 소리가 매우 아름답고 뛰어나서 세계적으로도 '한국 종'이라고 하면 첫 손가락에 꼽는다.

Ⅳ. 진리의 등, 불멸의 몸이 깃든 집

1. 석등

불교에서는 사바세계의 모든 고통은 어리석음에서 비롯된다고 본다.
그 어리석음은 곧 어두움으로 상징된다. 이 어두움을 밝히는 것이 부
처님의 가르침이다. 따라서 부처님의 가르침은
곧 어둠을 밝히는 등으로 상징된다. 그래서인
지 석등 하나도 온갖 정성을 담아 만들었음을
알 수 있다. 석등은 본래 불이 켜져 있어야 하
지만, 지금은 옛날에 불을 띄운 심게 그을린 흔
적만 남아 있다.

　석등은 우리나라 사찰에만 있는 것이다. 석
등에 창이 네 개인 것은 사성제를 상징하고, 지
대석이 팔각인 것은 팔정도를 상징한다.

　사성제는 네 가지 온전한 진리, 즉 네 가지
온전한 깨달음으로 고(苦)·집(集)·멸(滅)·도(道)

영주 부석사 석등

를 말한다. 그 의미는 이러하다. 이 세상은 고통스럽다(苦). 이와 같은 고통은 중생들 모두가 자신이 무엇인가를 모른 채 공연히 욕심을 부리고 화를 내고 시기·질투·대립·투쟁을 일삼기 때문에 생겨나는 것이다(集). 그러나 고통이 사라진 그 본연의 진리로 돌아가면 영원과 행복과 자유와 평화가 가득한 세계가 있다(滅). 그와 같은 진정한 평화와 행복을 얻기 위해서는 탐욕과 분노와 어리석음을 잠재우는 팔정도를 닦아야 한다(道).

팔정도는 여덟 가지 실천의 덕목을 뜻하는데, 바르게 보아라(正見), 바르게 생각하라(正思), 바르게 말하라(正語), 바르게 행동하라(正業), 바르게 생업을 유지하라(正命), 바르게 수행하라(正精進), 바른 신념을 가져라(正念), 마음을 바르게 잡으라(正定)는 뜻이다. 팔정도는 진리의 세계로 곧바로 나아가게 하는 원동력이다.

한편 법주사에서 볼 수 있듯이 석등의 기둥을 쌍사자로 만든 경우도 있다. 쌍사자 석등을 자세히 보면 사자 하나는 입을 다물고 있고, 또 다른 사자는 입을 벌리고 있다. 사자는 불교에서 진리를 나타내는 동물이다. 입을 벌리고 있는 사자는 산스크리트어의 첫 번째 글자인 '아'를, 입을 다물고 있는 사자는 산스크리트어의 마지막 글자인 '흠'을 나타낸다. 곧 '아흠'은 진리의 시작과 끝을 나타내는 것이다.

보은 법주사 쌍사자 석등

2. 석탑

탑

탑은 부처님의 사리를 모신 곳으로 고대 인도에서 성인의 유해를 화장하고 그 유골을 봉안하던 스투파(stupa)에서 비롯되었다. 1세기 경 대승불교의 영향으로 불상이 만들어지기 전에는 가장 중요한 예배의 대상이었고, 재가불자들이 참배하고 기도하는 사찰도 탑을 중심으로 만들어졌다.

밥그릇을 엎어놓은 듯한 복발형의 인도 스투파는 중국에 전해지면서 누각 형태로 변하였고, 복발형의 스투파는 탑 가장 윗부분의 상륜부로 남게 되었다. 탑은 재료에 따라 목탑, 석탑, 전탑으로 구분된다.

인도 스투파

우리나라는 삼국시대부터 탑이 많기로 유명하였다. 오늘날 남아 있는 탑만도 1,500여 기에 이르며, 국보와 보물의 25% 정도가 탑일 정도로 중요한 문화유산의 하나이다. 우리나라의 탑은 초기에는 목탑이 많이 건립되었지만 대부분 소실되고 통일신라 이후에는 돌로 만든 석탑이 대부분이다. 중국의 탑은 벽돌로 만든 전탑(塼塔)이 중심이고, 일본은 나무로 지은 목탑이 대부분이다. 이렇게 나라마다 탑을 만든 재료가 다른 것은 자연환경 때문이다. 중국의 붉은 황토는 벽돌을 만드는 데 안성맞춤인 재료이고, 일본은 지진, 해일 등과 같은 자연재해가 많은 나라이다. 따라서 자연재해로 건물이 무너졌을 때 벽돌이나 돌로 건축한 경

탑의 세부도

찰주
보주
용차
수연
보개
보륜
앙화
복발
노반
상륜부
우동
전각
옥개받침
탑신부
옥개
탑신
우주
탑신괴임
상대갑석
2층기단
탱석
면석
기단부
하대갑석
탱주

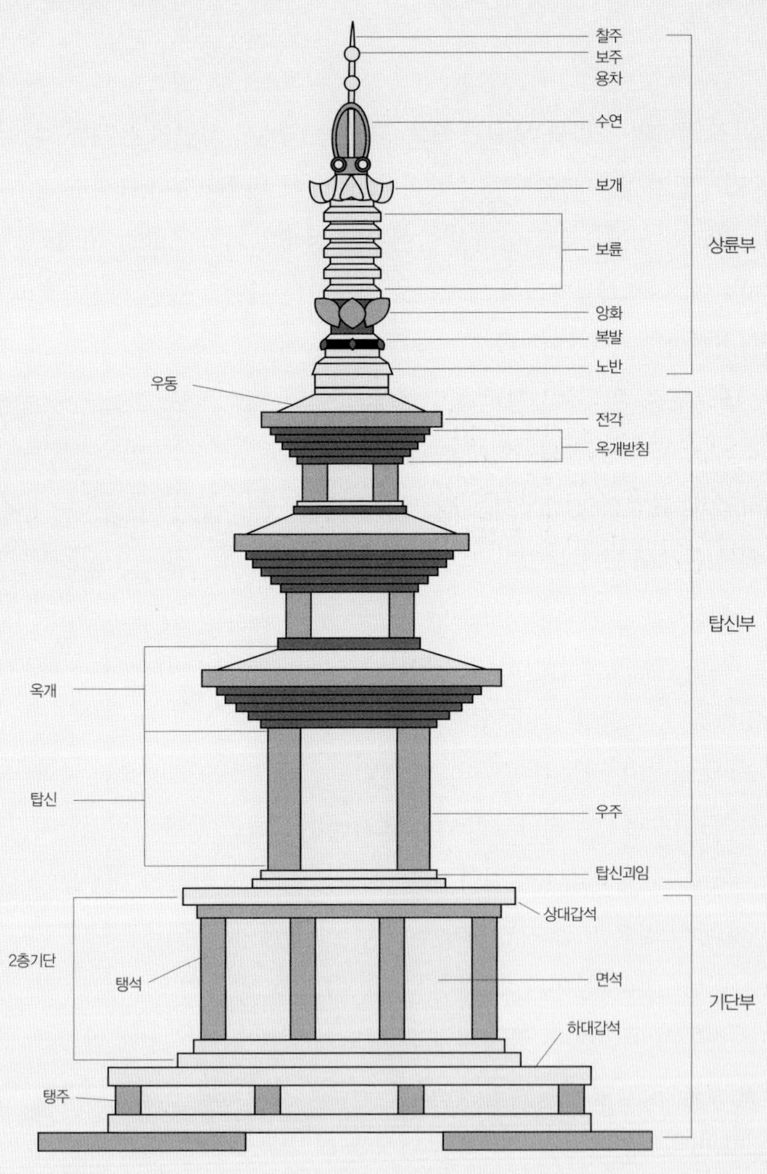

우는 이를 재활용하기가 어렵다. 반대로 목재로 건물을 세우고 그것이 지진 등으로 무너졌을 때에는 재활용이 가능하다. 그러므로 자연히 목탑이 발전하게 된 것이다. 이와 달리 우리나라는 화강암의 질이 우수하기 때문에, 옛날부터 돌로 불상이나 탑을 많이 만들었다.

탑은 부처가 머무는 곳이어서 건물의 문처럼 네 면이나 한 면에 문을 설치한다. 문 옆에는 부처가 머무르는 탑을 지키는 금강(인왕)역사를 배치한다. 탑에 봉안하는 사리는 부처님을 상징하는 것인데, 후대에는 사리 대신 불경이나 소형 탑을 봉안하기도 하였다. 시대에 따라 탑신과 기단에 불상과 여러 장엄조식이 조각되기도 했다. 시간의 흐름에 따라 사찰에서 탑이 차지하는 비중은 점차 축소되어, 고려 후기 이후에는 작은 규모의 탑이 조성되었고 조선시대에는 탑을 두지 않는 사찰도 생겨나게 되었다.

탑의 구조

1) 기단부: 탑의 가장 아랫면에 있는 부분으로, 지면으로부터 높게 만든 단이다. 단층기단과 2층기단의 두 종류가 있다.

2) 탑신부: 기단 위에 놓인 부분으로 석탑의 몸통에 해당하는 탑신석과 지붕에 해당하는 옥개석을 말한다.

3) 상륜부: 탑의 가장 윗부분으로, 옥개석 위에 놓인 부재들을 말한다. 각 부분마다 뜻이 있다.

4) 장엄조식: 기단과 탑신에 조각된 부조로 탑 안에 봉안된 사리의 수호와 공양이 근본 뜻이다. 사천왕, 인왕, 팔부신중, 사방불, 보살, 12지, 비천상, 감실 및 문비형, 안상 등이 있다.

탑의 시대별 변화

1) 삼국시대

중국의 목탑 및 전탑을 본뜬 목탑과 석탑들이 만들어졌다.

| 금강사탑 모형 | 미륵사탑 | 정림사탑 | 분황사탑 |

2) 통일신라

석가탑으로 대표되는 한국형 석탑이 완성되는 한편, 독특한 이형석탑
들이 만들어졌다.

| 석가탑 | 다보탑 | 화엄사 4사자탑 | 정혜사탑 |

3) 고려 이후

통일신라의 탑을 기본으로 하면서 지역에 따라 백제와 고구려의
양식을 반영한 석탑들이 만들어졌다. 고려 말 이후에는 원나라의
영향을 받은 이형석탑들이 만들어졌다.

장하리탑   월정사탑   경천사지탑

V. 부처의 방, 법당

법당은 부처님이 계신 곳이다. 그런데 법당 입구의 좌우에는 불화를 거는 괘불대가 한 쌍씩 서 있다. 부처님이 태어나신 사월 초파일 같이 많은 사람이 모여 법회를 볼 때에는 법당이 비좁은 관계로 바깥에서 법회를 볼 수밖에 없다. 괘불대는 바깥에서 법회를 볼 때 커다란 불화를 걸기 위한 받침대이다.

괘불이 걸려 있는 괘불대

법당은 불상을 모시고 예불을 드리는 곳으로 우리나라에 불교가 처음 전래되었을 때에는 '금당'(金堂)이라 하였다. 고려 초기까지는 본존불을 모신 중심 건물을 금당으로 칭하였으나, 이후 본존불의 성격에 따라 금당의 명칭을 달리하였다. 석가모니불을 모신 곳은 대웅전(大雄殿), 비로자나불을 모신 곳은 대적광전(大寂光殿), 아미타불을 모신 곳은 극락전(極樂殿, 혹은 무량수전, 미타전),

강화 전등사 대웅보전

미륵불을 모신 곳은 미륵전(彌勒殿, 혹은 용화전), 약사여래를 모신 곳은 약사전(藥師殿)이라 한다. 이처럼 모신 부처가 다른 것은 그 불상을 만들고 법당을 세운 사람들의 구도와 기원이 다르기 때문이다.

법당의 외벽에는 대개 부처의 일생에 대한 그림인 '팔상도', 마음을 닦는 과정을 소를 길들이는 과정에 비유한 그림인 '심우도', 극락으로 타고 가는 '용선' 등이 그려져 있다.

심우도는 처음 선(禪)을 닦게 된 동자가 본성에 비유되는 소를 찾기 위해 산중을 헤매다가 마침내 소를 발견하고 길들인 뒤에, 그 소를 타고 집에 돌아왔으나 다시 소에 대한 모든 것을 잊은 채 있는 그대로의 세계에 대한 깨달음을 얻어 속세로 나간다는 내용을 담고 있다.

① 심우(尋牛)

소를 찾는 동자가 고삐를 들고 산속을 헤매는 장면을 묘사하고 있다. 이것은 처음 발심(發心)한 수행자가 아직은 선이 무엇이고 본성이 무엇인지 알지 못하지만, 그것을 찾겠다는 열의를 가지고 공부에 임하는 것을 상징한다.

② 견적(見跡)

소발자국을 찾은 상황을 묘사한 것으로서, 순수한 열의를 가지고 꾸준히 공부를 하다보면 본성의 자취를 어렴풋이나마 느끼게 된다.

③ 견우(見牛)

동자가 멀리 있는 소를 발견하는 장면을 묘사하고 있다. 이는 본성을 보는 것이 눈앞에 다다랐음을 상징한다.

④ 득우(得牛)

동자가 소를 붙잡아 막 고삐를 끼운 모습을 묘
사하고 있다. 이 경지를 선종에서는 견성(見性)
이라고 하며, 땅속에서 아직 다듬어지지 않은
금강석을 찾아낸 것에 비유한다. 이때의 소는
검은색을 띤 사나운 모습으로 그려지며, 아직
탐하고 성내고 어리석은 삼독(三毒)에 물든 거친
상태임을 상징한다.

⑤ 목우(牧牛)

삼독의 때를 지우는 단계로서 선종에서는 이 과
정을 가장 중요시한다. 이때의 소는 길들이는
정도에 따라 검은색이 차츰 흰색으로 바뀌어가
는 모습으로 묘사된다.

⑥ 기우귀가(騎牛歸家)

동자가 소를 타고 구멍 없는 피리를 불면서 고향
으로 돌아오는 정경을 그리고 있다. 이때 소는
몸 전체가 흰색을 띠고 있다. 흰 소는 동자와 일
체가 되어 피안의 세계로 나아감을 뜻하며, 구멍
없는 피리에서 흘러나오는 소리는 마음속 깊은
곳에서 흘러나오는 본성의 소리를 의미한다.

⑦ 망우존인(忘牛存人)

집에 돌아와 보니 애써 찾은 소는 간데없고 자기만 남은 상태를 표현하고 있다. 결국 소는 본성을 찾기 위한 방편이었고, 이제 집으로 돌아왔으니 그 방편은 잊어야 한다는 것을 보여준다. 이는 뗏목을 타고 피안에 도달했으면 뗏목을 버려야 한다는 교종의 가르침과 통한다.

⑧ 인우구망(人牛俱忘)

소 다음에 자기 자신도 잊어버린 상태를 묘사한 것으로 텅 빈 원상(圓相)만을 그리고 있다. 객관이었던 소를 잊었으면 주관인 동자 또한 성립되지 않는다는 의미로 주관과 객관이 분리되기 이전의 상태를 상징한다. 이 경지에 이르러야만 비로소 완전한 깨달음이라고 일컫는다.

⑨ 반본환원(返本還源)

주관과 객관의 구별이 없는 속에 있는 그대로 비치는 자연의 경지를 표현하고 있다. 산은 산, 물은 물 그대로의 모습을 꿰뚫어볼 수 있는 지혜를 터득한 경지이다.

⑩ 입전수수(入廛垂手)

동자가 지팡이에 큰 포대를 매고 사람들이 많은 곳을 향해 가는 모습을 묘사하고 있다. 이때의 큰 포대는 중생들에게 베풀어줄 복과 덕을 담은 포대로써, 불교의 궁극적인 뜻이 중생제도에 있음을 상징화한 것이다.

심우도는 소를 찾는 과정을 단순하게 그리고 있는 것 같지만 그 이면에는 인간의 본성을 찾아 깨달음의 세계에 이르는 깊고 심오한 선종의 사상을 담고 있다. 그 열 단계의 과정을 다시 정리해보면, '심우'는 불도의 깨달음을 얻으려는 마음을 일으키는 발보리심(發菩提心)을 나타내고, '견우'에서 '기우귀가'까지는 수행의 과정을, '망우존인'과 '인우구망'은 보리심을 성취하는 과정을 표현한 것이다. 그리고 '반본환원'은 열반의 경지에 진입하는 모습을, '입전수수'는 깨달음을 얻은 뒤에 중생을 제도하는 단계를 나타낸다.

대개 법당 뒤쪽에는 조그마한 건물이 있다. 삼성각 또는 칠성각, 산신각이다. 우리나라 절에서만 볼 수 있는 특징으로 임진왜란 이후 불교가 전쟁의 상처를 치유하면서 각 지역의 민간 토착신앙과 결합하여 신앙의 대상(산신, 칠성, 용왕)을 모신 곳이다. 여기에 모셔져 있는 대상은 매우 다양하다. 불교의 나한상이나 유명한 승려도 있고, 도교의 칠성신도 있으며, 때로는 단군(檀君)이나 전통적인 산신(山神)이 모셔진 경우도 있다. 이곳의 조각상이나 탱화는 법당의 그것과는 이미지가 전혀 다르다. 경건과 근엄함보다는 민화(民畵)에서 보이는 미숙함과 친근감을 느끼게 하는 것이 많다. 이곳은 보다 토속적이고 민간적인 공간이라고 할 수 있다.

칠성각

절의 외곽에는 부처님의 가르침대로 살다 돌아가신 일반 스님들의 사리와 유골을 봉안한 구조물인 부도가 있다. 신라 하대 선종이 수용되면서 처음 등장했으며, 시대에 따라 부도의 모양이 달리 나타난다. 조선시대 이후에는 승려들의 부도를 사찰 입구에 모아 부도 밭을 조성하는 것이 일반적이었다. 고승들의 부도에는 그의 행적을 기록한 비석이 함께 건립되기도 하였는데, 고려시대까지는 국왕의 허락에 의해서만 비석을 세울 수 있었다. 승려들의 비석은 일반적으로 거북의 몸에 용의 머리를 한 귀부(龜趺) 위에 올려져 있으며 윗부분은 얽힌 용들의 몸으로 구성된 이수가 덮고 있다.

문경 봉암사 지증대사 부도

여주 신륵사 석종형 부도

6장

신라 탑의 변천

우리나라 어느 지역을 가도 오래된 절이나 절터에서는 석탑을 볼 수 있다. 현재 남아 있는 것만도 1천여 기기 넘는 엄청난 수이다. 수학여행이니 답사를 가면 가장 흔히 보게 되는 것이 탑과 불상이다. 탑파(塔婆)는 지정된 불교 문화유산 중 절반 이상을 차지하고 있다. 탑파에는 그 시대의 건축양식·미의식·신앙이 그대로 반영되어 있다. 따라서 탑파는 문화사 교육에 아주 유용한 자료라 할 수 있다.

우리나라 석탑 중 가장 많은 수가 남아 있는 것이 신라시대에 만들어진 탑이다. 신라 탑의 변천과정을 역사적 맥락에서 생각해보고, 탑 양식의 변화가 갖는 정치·사회적 의미를 살펴보자.

I. 삼국시대의 탑

불교에서 탑이란 부처의 사리(舍利)나 그밖에 부처의 법(法)을 상징하는 불경(佛經) 등을 모신 건축물을 말한다. 불교의 발생과 함께 인도에서는 반구형의 무덤 모습을 한 탑을 만들어 부처의 사리를 모셔두고 숭배하였다. 중국에서 불교가 유행하면서 목탑(木塔)이 만들어졌고, 중국 불교를 수용한 우리나라에서도 초기에는 목탑을 만들었다. 중국에는 전탑(塼塔)이, 일본에는 목탑이 많은 것과 비교하여 우리나라를 석탑(石塔)의 나라라고 부르는데, 이러한 석탑은 삼국시대 말기인 7세기경에 등장하여 통일신라시대에 크게 발전하였다.

우리나라 석탑의 등장은 삼국 간의 항쟁이 가장 치열하게 전개된 7세기에 이루어졌다. 이 시기는 고구려·백제·신라가 항쟁의 주도권을 장악하기 위해 경쟁을 벌이던 때로서, 이 과정에서 불교는 백성들의 단결과 왕실의 번영을 기원하는 중요한 역할을 담당하였다. 백제 무왕 때 익산 미륵사가 창건되고, 신라 선덕여왕 때 황룡사 9층 목탑이 만들어진 것이 이 점을 잘 보여준다. 이 시기의 탑은 국가의 융성과 번영을 기원하는 호국(護國) 사찰의 상징이었다. 따라서 이러한 탑의 조성에는 당시의 경제력과 예술적 역량이 총동원되었을 것이다.

우리나라 석탑의 시작은 익산 미륵사지(彌勒寺址) 석탑으로 본다. 미륵사지 석탑은 석재를 나무처럼 잘라서 세운 목탑 형식의 탑이다. 1층의 옥신은 기둥·벽면·공포·지붕·출입문을 갖춘 한 층의 건물 구조를 표현한 것이 특징이다. 그러나 미륵사지 석탑은 목탑을 충실하게 모방하는 데는 성공했지만, 여러 가지 결함을 지니고 있었다. 석탑으로는 구조가 너무 복잡했고, 많은 수의 부재(部材)를 사용한 데다가 엄청난 무게 때문에 붕괴의 위험이 컸다.

익산 미륵사지 탑

부여 정림사 5층 석탑

이와 같은 익산 미륵사지 석탑의 문제점은 부여의 정림사(定林寺) 5층 석탑에서 해결된다. 복잡한 목조 건물의 구조가 간결하게 요약되고, 탑의 규모는 미륵사지 석탑에 비하여 작아지나, 높이 솟은 느낌(상승감)을 주기 위해 1층 탑신을 크게 올렸다. 2층 탑신부터는 미륵사지 석탑보다 체감율을 높여 훤칠한 느낌을 주고 있다. 그러나 이 탑은 상승감을 주는 데는 성공하였으나, 힘이 없고 안정감이 부족하다. 신라의 3층 석탑 양식과 비교해 기단부가 낮고 좁기 때문이다. 이는 경주 분황사 석탑의 넓은 기단부와 비교해보면 쉽게 알 수 있다.

백제의 석탑 양식은 660년 백제가 망함으로써 더 이상의 발전을 보지 못하고, 통일 후의 신라 석탑으로 이어진다. 삼국시대의 석탑 중 신라 석탑은 선덕여왕 3년(634)에 세워진 분황사(芬皇寺) 모전석탑(模塼石塔)이 유일하다. 원래 9층으로 만들었으나 현재 3층만 남아 있다. 이 석탑은 중국의 전탑(塼塔) 양식을 충실하게 모방하였으며, 안산암(安山岩)을 벽돌 모양으로 다듬어 쌓았다.

분황사 모전석탑은 기단부가 넓어 안정감을 주고, 층급 받침의 윗면과 아랫면을 계단식으로 쌓아 올렸다. 이러한 모습은 백제의 미륵사지 석탑이나 정림사 석탑과는 아주 다르다. 분황사 탑에서는 4면

경주 분황사 모전석탑

의 1층 탑신 중앙에 돌문을 만들었다. 탑은 부처가 머무는 곳이어서 건물의 문처럼 네 면이나 한 면에 문을 설치하고, 문 옆에는 부처가 머무는 탑을 지키는 금강(인왕)을 배치하였다.

삼국시대 말기에 형성된 석탑들은 모두 통일신라시대 석탑의 발전에 일정한 영향을 주었다. 통일신라의 문화는 석탑의 측면에서 보더라도 삼국의 문화를 종합하였음을 알 수 있다.

Ⅱ. 삼국통일 이후의 탑

통일신라시대의 탑은 의성(義城) 탑리(塔里) 5층 석탑에서 신라 탑과 백제 탑 양식이 결합된 후, 3층 석탑 양식의 시원이 되는 고선사지와 감은사지 3층 석탑으로 발전되었으며, 불국사 3층 석탑(석가탑)에 와서 3층 석탑의 전형(典型)이 완성되어 크게 유행한다.

신라는 삼국을 통일한 뒤 막강한 경제력과 추진력으로 삼국의 문화를 종합하여 새로운 문화를 건설해나간다. 새로운 국가를 건설하려는 힘찬 모습은 고선사지와 감은사지 3층 석탑을 통해 생생하게 느낄 수 있다. 681년에 즉위한 신문왕은 '김흠돌의 난'을 계기로 귀족세력을 대대적으로 숙청하였다. 이어서 중앙과 지방의 통치조직과 군사조직을 정비할 뿐만 아니라, 녹읍을 폐지하고 문무관료전을 지급하였다. 이러한 조치로 국왕 중심의 강력한 중앙집권체제가 확립되었다. 이에 따라 신라의 문화는 전성기에 오르는데, 8세기 중엽에 이르러 불국사의 석가탑과 다보탑, 석굴암의 조각 등에서 보이는 완숙한 예술로 승화되어 나타난다.

삼국통일 직후 처음 만들어진 석탑은 의성 탑리에 남아 있는 5층 석탑이다. 이 석탑에서는 백제의 5층탑 형식과 신라의 분황사식 지붕이 결합된다. 백제 양식은 단층 기단, 높이는 5층탑, 석조 부재의 사용, 3단의 계단식 지붕받침이 특징이었다. 통일신라 양식은 기단이 높아지고, 지붕 밑면이 전탑처럼 계단식으로 된다.

의성 탑리 5층 석탑은 탑신이 5층으로 체감하는 방식은 부여 정림사지 5층 석탑을 닮았으며, 지붕돌이 계단식으로 체감하는 방식은 분황사탑을 닮았다. 분황사탑과는 달리 한쪽만 문을 만들어 달았으며, 기단은 단층으로 되어 있다. 이 탑은 정림사지 석탑이 석가탑으로 발전하는 과정에서 나타나는 첫 번째 작품이라고 할 수 있다.

완성된 통일신라 3층 석탑의 토대는 고선사(高仙寺)와 감은사(感恩寺)의 3층 석탑에서 등장한다. 이 탑들은 높이가 9m정도로 정림사 5층 석탑과 비슷하나, 기단부의 폭이 넓어 안정감을 준다. 이로써 탑으로서의 상승감과 선물로서의 안정감을 동시에 구현하게 되었다. 백제 정림사 5층 석탑에서 느낄 수 없는 이러한 안정감은 기단을 2층으로 만들고, 위로 올라갈수록 탑신부를 과감하게 체감시킴으로써 가능했다. 하층기단은 가운데 기둥이 3개, 상층기단의 탱주는 2

의성 탑리 5층 석탑

개이다. 1층 탑신 네 귀에는 독립된 귀기둥(우주, 隅柱)을 세웠고, 각 면에는 1매씩의 면석(面石)을 끼웠다. 옥개석은 모두 낙수면과 받침이 4매씩 8매로 되어 있다. 2층 탑신은 네 귀에 귀기둥 1매씩을 모각하여 판석 4매로 조립하였다. 처마 밑(옥개받침)은 모두 5단으로 되어 있다. 지붕은 의성 탑리 5층탑과 달리 경사면으로 되어 있다.

고선사와 감은사의 3층 석탑들은 안정된 체감률(遞減律)을 보이고 있다. 2·3층 탑신은 높이가 같으나 폭은 4대 3대 2의 비율로 체감하여 밑에서 쳐다볼 때 안정감을 갖도록 하였다. 이로써 안정감이 있으면서도 장중하고 긴장감을 주는 새로운 양식이 창조되었다. 고선사와 감은사 3층 석탑은 불국사 3층 석탑(석가탑)과 비교하여 좀 거칠고

경주 고선사 3층 석탑

경주 감은사 3층 석탑

덜 세련된 느낌을 주지만, 통일 직후의 신라 문화가 가진 역동성과 창조적 솜씨를 유감없이 발휘한 걸작이라고 할 수 있다. 신라와 백제의 석탑양식이 하나로 종합되어 만들어진 3층 석탑은 불국사 3층 석탑을 정형(定型)으로 하는 우리나라 3층 석탑의 기본 모델이 되었다.

통일 직후 만들어진 고선사와 감은사의 3층 석탑에서 불국사 3층 석탑으로 나아가는 과정에서 경주 나원리(羅原里) 5층 석탑과 황복사지(皇福寺址) 3층 석탑 등 몇 기의 탑이 나타난다.

8세기 초에 만들어진 것으로 보이는 경주 나원리 5층 석탑은 기단부와 탑신부의 구성이 앞 단계보다 조금 단순하다. 2층의 기단에서 하층기단은 탱주 3개, 상층기단은 탱주 2개로 되어 있고, 지대석(地臺石), 하대중석(下臺中石), 갑석(甲石)은 각각 별석(別石) 4매씩으로 되어 있다. 상대중석(上臺中石)과 갑석도 각각 4매씩으로 구성되었다. 1층 탑신은 4개의 넓은 돌(板石)로 되어 있으며, 2층부터는 탑신이 1석씩이고 각각 기둥이 새겨져 있다. 옥개석을 보면 1·2층은 지붕돌과 옥개받침이 별석이고, 3층 이상은 1석이다. 1층 옥신이 높고, 2층부터는 체감률이 일맞아 장중하고 안정적인 느낌을 준다. 이 탑의 기단부는 후내 석탑 기단부의 모범이 되었다. 높이가 8.8m로 각 부의 균형과 거대한 규모에서 통일 후 가장 우수한 5층 석탑으로 평가된다.

경주시 구황동(九黃洞)에 있는 황복사지(皇福寺址) 3층 석탑은 1942년 해체 수리하는 도중 2층 탑신 옥개석에서 사리함이 나왔다. 금동사리함 뚜껑 뒷면에는 효소왕 원년(692)에서 성덕왕 5년(706) 사이에 신문왕 등 김씨 왕족의 명복을 비는 내용의 명문(銘文)이 기록되어 있었다. 사리함에서는 불상과 무구정광대다라니경(無垢淨光大陀羅尼

경주 나원리 5층 석탑

경주 황복사지 3층 석탑

經)도 발견되었다. 이 탑은 기단부의 중간 기둥이 3주에서 2주로 줄고, 옥신도 각 면의 판석을 조립한 것이 아니라 한 개의 돌로 단순화하였다. 이 탑은 신라 석탑의 연대 설정에 기준이 되고 있다.

삼국통일 직후에 형성된 3층 석탑 양식은 80여 년을 지나 8세기 중엽에 이르면 불국사(佛國寺) 3층 석탑으로 대표되는 이른바 정형(定型)을 이루게 된다. 불국사 3층 석탑(석가탑)은 기단의 결구(結構) 방식이 경주 나원리 5층 석탑과 비슷하다. 탑의 구성은 황복사지 3층 석탑과 천군동 절터의 3층 석탑의 구성을 간략하게 만든 것으로 평가되고 있다. 2층 기단이며, 1·2층 탱주는 모두 2개씩이다. 감은사지 3층 석탑과 달리, 탑신과 지붕돌은 모두 1석으로 단순해진다. 귀기둥은 돋을새김을 하고, 옥개받침은 모두 5단이다. 상층기단의 갑석 모서리에서 옥개석의 처마 끝이 일직선으로 연결된다. 1·2·3층 탑신의 폭과 옥개석 폭의 비례는 감은사지 3층 석탑과 같이 4대 3대 2이다.

불국사 3층 석탑은 단아한 3층 석탑의 정형을 완성하어 원숙한 아름다움을 보여준다. 석가탑의 단순하면서도 정제된 아름다움은 불교적인 조화와 이상미를 추구했던 신라 지배층의 미의식을 잘 드러낸다. 석가탑의 안정감과 조화미는 골품제를 토대로 백성을 지배하면서 자신들이 누리던 부귀영화가 영원토록 계속되기를 바랐던 신라 지배층의 염원을 잘 보여준다. 이렇게 완성된 3층 석탑의 정형은 그 뒤 수없이 모방되어 전국적으로 유행하게 된다.

8세기 후반 전국적으로 유행했던 3층 석탑은 석가탑과 거의 동일한 양식으로 만들어진다. 석가탑은 높이(상륜부 제외)가 8.2m였으나, 이 시기 탑의 높이는 6m 정도로 줄어든다. 갈항사지(葛項寺址) 동3층 석탑의 상층기단에는 천보(天寶) 17년(758, 경덕왕 11년)에 원성왕(785~798)의 어머니 형제들이 이 탑을 세웠다는 명문(銘文)이 새겨져 있어 8세기 석탑의 연대 설정에 기준이 되고 있다.

8세기 중엽 이후에는 정형화된 3층 석탑 이외에도 적은 수이기는 하지만 특이한 모습을 한 이형양식(異型樣式)도 만들어진다. 불국사의 석가탑과 짝을 이루는 다보탑과 구례 화엄사 4사자 3층 석탑 등이 대표적이다. 다보탑(多寶塔)은 불국사의 쌍탑 중에서 단순 소박하면서도 귀품(貴品)이 있는 석가탑과 비교되는 아주 화려하고 공예적인 석탑이다. 화엄사 4사자 3층 석탑은 상층기단에 돌사자 4마리를 배치하고, 하층기단에는 천인상(天人像)을 조각하였으며, 1층 탑신에도 각 면에 문 모양을 모각(模刻)하고 좌우에는 인왕상, 사천왕상, 보살상을 조각하여 화려함을 더했다.

경주 불국사 다보탑

구례 화엄사 4사자 3층 석탑

III. 9세기 이후 새로운 탑의 등장

신문왕 대 확립된 중앙집권체제는 성덕왕 대에 이르러 절정기를 맞는다. 8세기 중엽 경덕왕 대에는 한화정책(漢化政策)을 실시하여 중앙 통치기구와 지방 군현의 이름을 고치는 한편, 집권체제를 재정비·강화하였다. 신문왕에서 경덕왕 대에 이르는 시기에는 왕자를 중심으로 하는 근친 왕족과 가야계인 김유신 계열 및 구 귀족 세력들이 왕권에 협조하였으며, 통일 전쟁에서 공을 세운 공신들이 지배세력의 핵심을 이루었다. 하지만 이후 왕족에게 권력이 집중되더니 여타 귀족 세력들은 권력의 핵심에서 배제되었고, 그 결과 지배집단의 규모는 극도로 축소된다. 또한 근친 왕족 산의 갈등이 심화되자 이들은 왕비 사리를 둘러싸고 치열한 권력 다툼을 벌였다. 이 시기에 외견상 지배체제가 안정된 것처럼 보였던 것은 순전히 제도 정비의 덕이었다.

권력의 핵심에서 소외된 집단의 불만은 점차 쌓여갔고 마침내 밖으로 표출되기에 이른다. 이와 함께 왕권의 전제화에 반대하는 진골 귀족(반왕파)과 이를 옹호하는 세력(친왕파) 간의 대립과 갈등이 증폭되었다. 그 결과 혜공왕 대에 이르면 내란이 집중적으로 발발하였으며, 마침내 혜공왕이 피살됨으로써 진골귀족이 최종적으로 승리하게 된다. 중앙집권체제의 붕괴와 함께 지방에 대한 중앙 정부의 통제력이 약화되자 각지에서 지방세력이 성장하게 되었다.

지방세력의 성장은 탑파양식에도 반영되었다. 안동(安東) 지방에서는 새로이 전탑(塼塔)이 유행하였다. 신세동 7층 전탑은 높이가 14.8m나 되는 거대한 탑으로서 기단부에 팔부중상(八部衆像)이 새겨졌다. 안동 조탑동 5층 전탑에는 금강역사상(金剛力士像)이 조각되었는데, 지방 특유의 파격미를 엿볼 수 있다. 선산(善山) 지방에서는 의성 탑리 5층 석탑 계열의 모전식(模塼式) 석탑이 유행하였다.

이러한 지방화 경향은 이미 8세기 후반에 이르러 지방에 대한 중앙의 문화적 영향과 정치적 통제력이 급격히 쇠퇴하고 있었음을 보여준다. 9세기의 석탑들은 당대의 혼란스러운 사회상을 반영하는 한편, 왕족이나 귀족 등의 영원한 부귀영화를 기원하는 원탑(願塔)의 성격을 띠게 된다. 그리하여 화려하고 요란한 장식무늬가 새겨지고, 옥개석 지붕돌의 반전(反轉)이 심해지는 경향을 보이고 있다. 아울러 지방의 산사(山寺)에 남아 있는 석탑과 선사들의 부도를 통해서 지방세력의 성장과 선종불교의 보급을 살펴볼 수 있다.

안동 조탑동 5층 전탑

1. 전형양식의 모방과 변형

8세기 후반에서 9세기까지는 불국사 3층 석탑(석가탑)을 모방한 탑들이 전국적으로 만들어졌다. 이러한 모방은 석가탑이 지닌 완벽한 아름다움을 흉내 내려는 것이기는 했지만, 대체로 규모가 작아지고 아담한 모습으로 변화하였다. 8세기의 3층 석탑은 상륜부를 제외하고 높이가 대개 8~6m 정도(석가탑은 8.2m)였으나, 9세기 초의 3층 석탑은 대개 5m정도이다. 크기가 작아지면서 옥개석의 층급받침도 5단에서 4단으로 줄어들었다. 또 석가탑을 만들 때의 조형 의도는 사라지고 형식만 모방하게 되면서 일종의 매너리즘에 빠지기도 하였다.

경주 남산 용장사 석탑

경주 석악리 3층 석탑

또한 전형양식의 기본 형태는 유지하면서 약간의 변화를 시도한 변형석탑(變形石塔)이 나타났다. 우선 처음에는 기단부가 변형된 탑이 등장하였는데, 지형을 적절히 이용하여 자연암반을 하층기단으로 대신한 경주 남산의 용장사(茸長寺) 3층 석탑, 단층기단만 있는 문경 내화리(內化里) 3층 석탑과 봉화 서동리(西洞里) 동·서3층 석탑, 석괴형(石塊形) 기단을 이용한 경주 남산리 동3층 석탑과 경주 서악리 3층 석탑이 그러한 예이다.

두 번째로는 기단부의 탱주를 줄인 변형석탑이 있다. 전형양식은 상·하층에 탱주가 2주씩이었으나, 9세기 석탑의 탱주는 1주씩으로 줄거나 없어지기도 한다. 전기의 석탑 중에는 상층기단의 탱주가 1주로 줄어든 예가 많으며, 후기의 석탑들은 탑의 규모가 작아지면서 대부분 하층기단의 탱주까지도 1주로 줄이거나 아예 없애기도 하였다.

마지막으로 탑신부에 변형을 준 석탑들도 나타났다. 지붕돌의 옥개받침은 5단에서 4단 혹은 3단으로 줄어들고 처마가 얇아지고 추녀의 반전이 심해지면서 이른바 말기적 양상을 보이게 된다.

9세기에 접어들어 석탑의 규모가 작아지고 기단부의 탱주가 줄어들며 옥개받침이 5단에서 4~3단으로 줄어드는 현상은 석탑 자체의 양식적 변화이기도 하지만, 다른 한편으로는 신라 하대의 혼란상을 반영하는 것이다. 전반적으로 보면 중대 석탑의 힘찬 기상이 사라져 가냘프고 연약한 느낌을 준다. 9세기 후반 옥개석 추녀의 반전이 심해지는 현상은, 단정한 중대 3층 석탑의 겉모습만 모방하여 과장함으로써 나타나는 현상인데, 이는 몰락해가는 신라 사회의 모습을 단적으로 보여주는 예라고 할 수 있다.

　9세기의 또 다른 변화를 꼽자면 통일 직후 나타나는 쌍탑식(雙塔
式) 가람 배치 대신 삼국시대의 단탑식(單塔式) 가람 배치가 일반화
되고 강당(講堂)이 없어진 것 등을 들 수 있다. 쌍탑식 가람 배치는 사
천왕사지(四天王寺址) 목탑에서 시작하여 감은사지 쌍탑 이후 일반화
되었으나, 9세기 이후에는 단탑식 가람 배치가 더 많이 나타난다. 또
한 선종의 보급으로 사찰의 대중 교화 기능이 축소되면서 산지(山地)
가람의 경우 대부분 강당이 없어지고 탑과 금당만이 남는다.

2. 원탑과 장식석탑의 유행

9세기의 혼란스러운 시대상을 반영하는 또 하나의 모습은 원탑(願塔)
의 유행이다. 왕위 쟁탈전을 비롯한 치열한 권력 다툼이 전개되면서
신라 지배층은 앞다투어 원탑을 세웠다. 9세기에 세워진 원탑을 간단
히 정리하면 다음 표와 같다.

　표에서 보듯 창림사지, 비로암, 보림사의 탑은 국왕을 위한 원탑
으로, 법광사지의 탑은 김균정에 의해 그의 아버지를 위한 원탑으로,
취서사의 탑은 중앙 귀족을 위한 원탑으로, 도피안사의 탑은 지방민
을 위한 원탑으로 세워졌다.

　그런데 이러한 원탑의 대부분은 반란이 일어나 어수선하고 전염
병과 천재지변이 빈번했던 경문왕 대에 세워졌다. 이러한 점에서 원
탑의 유행은 치열한 왕권 쟁탈전의 와중에 불안해진 국왕의 지위를
신앙의 힘으로 유지하려 한 왕실의 모습, 왕권 쟁탈전에서 비명에 세

석탑명	연대	건립연기(緣起)
영일 법광사지(法光寺址)경주 3층석탑	흥덕왕 3년(829)	김균정에 의해
경주 창림사지(昌林寺址) 3층석탑	문성왕 17년(855)	문성왕의 발원으로
대구 동화사(桐華寺) 비로암 3층석탑	경문왕 3년(863)	민애왕을 위해
철원 도피안사(倒彼岸寺) 3층석탑	경문왕 5년(865)	지방민의 발원으로
봉화 취서사(鷲棲寺) 3층석탑	경문왕 7년(867)	김양종의 딸 명단의 발원으로
장흥 보림사(寶林寺) 남북3층석탑	경문왕 10년(870)	현안왕을 위해

9세기의 원탑(願塔)

상을 뜬 사람들의 명복을 비는 모습, 빈번한 자연재해와 질병에서 벗어나 안전과 평화를 얻고 싶은 지방민들의 모습이 반영된 것임을 살필 수 있다.

9세기 석탑의 두드러진 특징 가운데 하나는 장식석탑의 유행이다. 9세기의 3층 석탑은 아담하고 왜소해지면서 감은사탑이나 석가탑에서 볼 수 있던 보는 이를 압도하는 장중함이 사라지고 귀엽고 아담한 느낌을 준다. 이러한 상황에서 무미건조한 3층 석탑에 뭔가 변화를 주려는 노력이 나타나기 시작한다.

9세기 석탑에 조각장식이 가미된 것은 이러한 상황 때문이었다. 큰 탑의 경우 그 거대함만으로도 보는 이를 압도하기에 충분하지만 작은 탑은 그렇지 못하므로 조각장식을 넣는 것이 효과적인 방안이었다. 한편으로는 신라 하대의 사회 정치적 혼란과 재난 속에서 고통

받던 당대인들의 종교적 염원이 조각장식이 유행한 원인이 되기도
하였다.

9세기 석탑에 등장하는 조각장식은 매우 다양하다. 대개 상층기
단에는 팔부신중(八部神衆), 사천왕상(四天王像)·안상(眼象)이 조각
되었고, 탑신에는 사천왕상·사방불(四方佛)·문비형(門扉形)이, 기단
부에는 사천왕상·안상·비천상(飛天像)·십이신장(十二神將) 등이 조
각되었다.

팔부신중(八部神衆)은 본래 고대 인도신화에 등장하는 신들로서
악마나 귀신에 해당하지만 불교 미술에서는 불법을 수호하는 여덟 신
으로서 비교적 지위가 낮은 하위의 신들이다. 9세기 초기에 건립된

경주 남산동 서3층 석탑

구례 화엄사 서5층 석탑

경주 남산동 서3층 석탑의 상층기단에 처음 나타나고 있으며, 팔부신중이 석탑 기단부에 조각되는 것은 불법의 수호신으로서 탑을 거룩하고 엄숙하게 표현하기 위해서라고 해석된다.

사천왕(四天王)은 수미산 중턱에 있는 사왕천(四王天)에 살며 4방을 수호하는 호법신(護法神)이다. 사천왕상(四天王像)은 대개 1층 탑신이나 상층기단에 조각되고 있는데, 이는 9세기에 건립된 석탑 대다수가 초층탑신에 사리를 안치하고 있는 것에서 연유한 것으로 보인다. 1층 탑신 내지 탑신부가 주 공간이기 때문에 이를 사방에서 수호하는 임무를 띠고 배치된 것이다.

인왕(仁王)은 절에 들어가는 문이나 전각(殿閣) 입구에서 불법을

경주 장항사지 남5층 석탑

경주 장항사지 북5층 석탑

수호하는 상으로 이왕(二王), 이천왕(二天王), 금강역사(金剛力士) 등 여러 이름으로 불린다. '금강저(金剛杵)를 손에 든 자'를 뜻하는 인왕은 원래 무장을 하고 손에 금강저를 든 상이지만, 권법 자세를 취하거나 나체상으로 바위 위에 서서 맨주먹을 불끈 쥐고 무엇인가를 내려치려는 분노한 모습으로 나타나기도 한다.

인왕상은 삼국시대의 분황사 모전석탑(634)에 처음 등장하며, 탑의 조각장식으로는 가장 먼저 나타났다. 분황사 모전석탑의 인왕상은 1층 탑신 사방의 감실(龕室) 입구 양쪽에 2구씩 모두 8구가 배치되어 탑의 사리를 수호하는 역할을 하고 있었다. 그러나 9세기에 이르면 인왕은 탑신의 문을 지키는 역할을 사천왕에 내주게 되는데, 신라 하대의 정치·사회적 혼란으로 인해 단순한 수문(守門) 기능을 지닌 인왕보다는 다양한 기능을 지닌 사천왕이 선호된 것으로 해석된다.

9세기 석탑에 조각된 사방불은 탑 속에 안치된 사리를 지키는 수호불의 의미를 지니며, 그중 아미타불과 약사불은 혼란한 신라 하대 사회에서 구원을 바라고 내세를 비는 상·하층의 염원이 반영된 것으로 보인다.

보살(菩薩)은 산스크리트어로 '깨달음을 구하는 중생', 또는 '깨달음[보리(菩提)]을 탐구하는 자'라는 뜻이다. 소승불교에서는 성도(成道) 이전의 석존(釋尊)만을 보살이라 하였지만, 대승불교에서는 대승법(大乘法)을 수행하며 '깨달음을 구하려 노력하고 있는 자'를 모두 보살이라 한다. 불교에서 보살은 자기 자신만의 깨달음을 추구하는 수행자가 아니라, '상구보리(上求菩提) 하화중생(下化衆生)'을 그 이상으로 삼아 위로는 깨달음을 구하며, 아래로는 자비행(慈悲行)을 실천하여 일체 중생을 구하려고 애쓰는 자를 의미한다.

석탑에 등장하는 보살상은 부처에 대한 공양의 형식으로서, 탑 내부에 봉안된 불사리(佛舍利) 혹은 중앙의 법신불(法身佛)에 대한 신앙의 표현으로 해석된다.

십이신장(十二神將)은 12야차대장(夜叉大將), 12신왕(神王) 등으로도 불리며, 약사불(藥師佛)의 12대원(大願)에 의하여 그를 수호하고 실현하고자 하는 신장이다. 약사 12신장이 약사여래와 함께 나타나는 것은 『약사경』에 따른 것인데, 석존이 약사여래의 본원 공덕에 대하여 설명할 때 그 모임에 12야차대장이 있다가 석존의 말에 크게 감명을 받아 12대원을 행할 것을 석존에게 서원했다고 하는 데서 유래한다. 우리나라의 경우 12신장상은 약사여래의 권속으로서 약사여래도에 호법신으로 표현되는 것이 일반적이지만, 방위와 시간을 나타내는 신으로서 12지신(支神)과 관련을 갖고 석탑에 부조되기도 한다. 12신장상 가운데서도 특히 탑 등에 나타나는 12지는 약사여래 12신장과 관련된 것으로 갑옷이나 평복을 입고 무기를 잡은 모습으로 표현된다.

9세기 석탑에 12신장이 등장하는 것은 당시에 유행한 약사여래신앙과 관련이 있다. 약사여래신앙과 관련한 12신장이 등장하는 것은 병고와 기아에 시달리던 당대 사람들에게 중요한 신앙의 대상이 되었기 때문이다.

이와 같이 신라 하대에는 왕실이나 귀족들을 위한 원탑과 화려한 장식이 들어간 장식석탑이 유행하였다. 원탑의 유행은 신라 말기의 혼란한 정치 상황 속에서 불안해 하던 신라 지배층의 모습을 보여준다. 장식석탑은 신라 하대에 들어 3층 석탑 양식(석가탑)을 형식적으로 모방하면서 규모가 작아지고 볼품이 없게 되자, 석탑의 의미나 아름다움을 강조하기 위해 조각장식을 하면서 유행하게 되었다. 조각 장식에는 당시의 불교신앙과 정치 사회상을 반영하여 대체로 불법과 사리를 수호하는 기능이 강조되는 수호신(사천왕, 인왕, 팔부신중, 12신장)과 불탑의 장엄을 강조하기 위한 문비형이 있다. 석탑에 수호신이 많이 새겨진 것은 신라 하대의 불안했던 사회 상황을 반영하며, 요란하고 화려한 장식이 나타나는 것은 향락적이고 사치스러웠던 신라 지배층의 모습을 보여주고 있다.

3. 귀족의 탑과 지방세력의 탑

9세기에 들어서면 중앙의 진골귀족이나 왕실에서 세운 화려한 탑이 나타나는가 하면 지방에서는 지방세력의 지원을 받는 선종 사찰에서 건강하면서도 기품 있는 탑들이 세워진다.

왕권의 약화와 골품제의 농요로 위기감에 휩싸인 신라 지배층은 조상의 명복과 부귀영화를 빌기 위해 원찰(願刹)과 원당(願堂), 원탑(願塔)을 세우게 된다. 이 과정에서 거대한 불사에 막대한 자금이 동원되었는데, 고려 태조 왕건은 훈요십조(訓要十條)에서 신라가 함부로 원찰과 원당을 지어 망하게 되었다고 지적한 바 있다.

9세기의 탑은 부처의 사리나 불교의 신앙 대상을 모시고 국가의 안녕과 백성들의 행복을 기원하는 대승불교 본연의 모습에서 이탈하

보령 성주사지 중앙 3층 석탑

여 왕실이나 일문일족(一門一族)의 부귀영화를 빌기 위해 세워짐으로써, 당대 사회의 불안정한 모습을 반영한다. 9세기의 불상 중에 뚱뚱하게 살찐 권위주의적인 불상이 나타나는 것처럼, 9세기의 탑에서도 작고 화려한 장식을 가미한 석탑들이 나타난다.

또한 신라 사회가 쇠락해가고 있음을 보여주는 석탑도 등장한다. 일직선을 이루면서도 휘어져 보이는 석가탑의 옥개석 지붕돌의 선은, 9세기 후반에 접어들면 보령(保寧) 성주사지(聖住寺址) 중앙 3층 석탑처럼 아예 처마 끝이 들려 올라가는 것처럼 과장되고 있다. 이는 건강함을 상실한 하대 진골귀족의 모습을 상징적으로 보여주는 것이라 하겠다.

한 시기의 문화가 전성기를 지나 더 이상 창조적인 모습을 보이지 못할 때 기존의 양식은 점차 쇠퇴하게 되고, 여기에 싫증을 느낀 사람들은 변화와 파격을 요구하게 된다. 이제 신분과 권위를 중심으로 하는 진골귀족 중심의 사회가 무너지고 새로이 성장하는 신진세력들의 투지와 기상을 보여주는 파격적인 다층석탑이 나타나기 시작하여 한 시대를 풍미하게 된다. 정혜사지 13층 석탑은 경주시 안강의 옥산서원 부근에 남아 있는데 탑신부가 매우 특이하게 생긴 석탑이다.

지방세력의 지원을 받은 선종 사찰의 탑으로는 양양(襄陽) 진전사지(陣田寺址) 3층 석탑(9세기 전반), 양양 선림원지(禪林院址) 3층 석탑(9세기 전반), 문경(聞慶) 봉암사(鳳巖寺) 3층 석탑(9세기 말) 등이 있다. 이들 탑은 규모는 작지만 9세기 탑 일반과 달리 아담하고 건실한 것이 특징이다.

　지방의 석탑들은 선종 사찰을 중심으로 산간 오지에 세워지고, 규모가 작고 아담한 것이 특징이다. 선종 사찰의 경우 대체로 선승의 부도와 탑비가 남아 있으며, 탑보다는 오히려 선사들의 부도 조성에 힘을 기울이는 것을 볼 수 있다. 따라서 9세기 신라의 조각은 불상이나 석탑보다는 부도에서 그 완성된 모습을 찾아볼 수 있다. 이 또한 진골귀족 중심의 신라 사회가 무너지고, 지방세력이 성장해가는 모습을 보여준다.

양양 진전사지 3층 석탑

진전사지 3층 석탑의 세부

4. 지방세력의 성장과 부도의 등장

9세기 중앙의 진골귀족들이 왕권 다툼으로 분열하여 지방에 대한 통제가 약화되자, 곧 지방세력들이 성장한다. 이들 가운데 일부는 본래 중앙귀족이었으나 왕권 쟁탈전에서 도태되어 친족집단의 장원으로 낙향하여 지방세력화한 경우도 있으나, 상당수는 4두품이나 5두품 신분을 보장받으며 대대로 지방에 살면서 성장해온 촌주(村主) 출신이었다. 하대에 이르면 이 지방세력들은 중앙의 수탈에 대항하는가 하면, 개간과 수리사업에 적극 나서 농업 생산력을 발전시키고 도적을 막기 위한 군사력을 갖추기도 하였다.

하지만 지방세력들의 가장 큰 경제적 기반은 농민의 몰락에 따른 토지의 집중이었다. 아울러 당과의 무역도 이들의 경제력 증대에 상당히 기여했다. 하대 이전까지 신라의 대외무역은 국가의 통제하에서 조공(朝貢)의 형식으로 이루어져왔다. 그러나 중앙권력이 약화되면서 상인들의 무역활동이 당과 일본을 상대로 활발하게 전개되었다. 해상무역이 번성하자 사병을 거느리고 지방관과 결탁하여 자신의 세력 확장을 꾀하는 자도 생겨났다.

지방세력들은 경제력뿐만 아니라 사상적으로도 실력을 갖춰갔다. 이들은 6두품 출신의 선승이나 유학자들로부터 학문을 배워 지방의 지식인으로 성장하였다. 중앙귀족이 환락과 왕권 쟁탈에 휩싸여 있을 때 지방세력들은 중앙의 통제에서 벗어나 행정권, 징세권, 군사권을 장악해나갔다. 이들은 광대한 장원과 막대한 사병을 거느리고 성주나 장군 등으로 자처하면서 지방의 군진(軍鎭)세력으로 성장해나갔다. 신라의 군진은 본래 변경 수비를 위하여 내륙에만 설치되었으나 해상무역이 활발해지고 해적이 늘어나자 해안에도 설치되었다. 이들 군진은 강력한 경제력을 바탕으로 군사력을 증대시켜 마침내 정치적 거점으로 발전하였다.

지방세력의 성장과 함께 새로운 불교 종파인 선종이 성장하였다. 선종은 교리와 권위를 중시해온 귀족 불교에 반대하여, 문자에 의지하지 않고 스스로 깨닫는 것이 중요하다고 주장하였다. 선종의 이러한 가르침은 골품제의 해체와 지방세력의 정치 경제적 자립을 꾀하던 이들의 환영을 받았다. 그리하여 선종은 수도에서 멀리 떨어진 각 지방을 근거지로 지방세력의 후원을 받아 급속히 성장하였다. 지방에 선문(禪門)을 연 선종 승려들 중에는 그들 자신이 지방세력 출신인 경우도 있었고, 대개 가까운 지방세력들과 관계를 맺고 있었다.

양양 진전사지 부도

화순 쌍봉사 철감선사 부도

선종이 성장하게 되자 처음에는 선종 승려들을 외면하였던 왕실에서도 선사들을 초청하거나 국사 등으로 모셔 9세기 후반에는 선종도 신라 지배층의 상당한 지원을 받게 되었다. 그러나 지방 산사(山寺)들을 거점으로 삼았던 선문(禪門)들은 지방세력의 후원과 민의 지지를 받아 그 지위를 유지하였다.

지방세력의 후원을 받는 선종불교가 성장하면서 일반 백성의 존경을 받는 승려의 묘탑(墓塔)인 부도가 유행하게 되었다. 선사(禪師)들의 부도는 문도(門徒)들의 정성과 세력가들의 후원, 국가 후원 등으로 상당한 공을 들여 만들어졌고, 대개 탑비(塔碑)가 함께 세워져 선사들의 업적을 기리게 되었다. 선종이란 불립문자(不立文子)의 원칙에서 이심전심(以心傳心)으로 깨우치는 것이 핵심이었으므로, 스승과 제자의 계승 관계가 중요시되었으며, 법력(法力)을 상징하는 선사들의 사리(舍利)는 부처님의 사리처럼 존중되어 사리탑인 부도에 고이 모셔졌다.

선종의 성장과 함께 선사들의 사회적 위상이 더욱 커지게 되었고, 대선사(大禪師)의 죽음은 교종 승려들의 죽음과는 다른 의미와 위상을 갖게 되었다. 본연의 마음이 곧 부처이고, 그것을 깨달은 사람은 부처와 동격이 되며 일문일가라 했으니 그 독립성의 의미는 더욱 강조되었다.

따라서 일문(一門)을 이끌어온 대선사의 죽음은 석가모니의 죽음 못지않은 것으로 받아들여졌다. 석가모니의 시신을 다비한 사리를 모신 것이 탑이라면, 성불(成佛)했다고 믿어지는 대선사의 사리도 그만한 예우로 봉안해야 마땅했고, 그렇게 함으로써 절의 권위와 전통을

세울 수 있었다. 이렇게 하여 선사들의 부도는 가장 엄숙하고 아름답
게 장식되었다. 신라 말기에 만들어진 아름답고 장엄한 부도들은 바
로 선종이 새로운 시대의 주역으로 성장하는 과정을 보여주는 한편,
선종을 후원했던 지방세력의 문화능력을 과시하고 있다.

조선은 불교를 이념적 기반으로 하였던 고려와 달리 성리학을 국시(國是)·국학(國
學)으로 삼았다. 이는 조선 개국의 주역들이 고려 말 원(元)의 만권당에 유학하여 성
리학을 익힌 문인들의 계보를 잇는 성리학도들이었기 때문이다. 그런데 만권당의 학
문 경향은 시문서화(詩文書畵) 등 예술을 필수 덕목으로 하는 학예겸수(學藝兼修)의
특징을 지니고 있었다. 시문은 고래로 문사들이 닦아야 할 기본 교양이었으며, 성리
학의 집대성자인 주자(朱子)는 서화(書畵)를 재도지구(載道之具), 즉 도학(道學)을 실
어 전달해주는 도구라 하여 높이 평가하였다. 따라서 성리학에서는 처음부터 예술을

7장

조선시대 회화의 발전

중시할 수밖에 없었다.

조선시대의 회화는 왕조 통치의 도구이자 교화(敎化)를 이룩하고 인륜을 돕는 시각매체로 적극 활용되었다. 또한 왕조 운영의 지도세력인 문인사대부들이 즐겨 애용하여 이 시대 조형예술의 주류를 이루었다. 문인사대부들은 학예겸수와 더불어 자신의 서정을 표현하기 위해 그림을 그리고 감상하는 것을 시문(詩文) 못지않게 애호했으며, 국가 또한 개국 초부터 그림 그리는 일을 전담하는 도화서(圖畵署)를 설치하고 화원(畵員)을 양성하는 등, 역대 어느 왕조보다도 회화 육성에 적극적인 자세를 보였다.

Ⅰ. 초상화

조선시대에 초상화가 발전한 것은 성리학의 조상·성인 숭배와 관련
된다. 초기에는 임금의 얼굴인 어진과 공신상이 많이 그려졌다. 태조
의 초상화는 14개나 그려져 전국에 배포되었는데, 이는 왕의 권위를
대외적으로 선전하려는 의도를 담고 있다. 그 외에도 유교 의식이 생
활화되면서 문묘의 초상화, 가묘 영당의 초상화, 서원의 초상화 등이
그려졌다.

초상화는 시간이 흐르면서 훼손·변질되었기 때문에 여러 번 이
모(移模, 베껴서 다시 그리는 것)하는 것이 일반적이었다. 그러다 보
니 원래의 초상화가 만들어질 당시의 분위기와 상당히 다르게 그려지
는 경우가 많았다. 초상화를 여러 번 베껴서 다시 그릴 경우 가장 치
명적인 것은 생동감이 사라진다는 점이다.

조선 초기 초상화의 특징으로는 조선 건국에 따른 자신감과 이상
주의가 강하게 드러난다는 점을 꼽을 수 있다. 아래에서 위로 올려다
보는 각도에서 그린 권위적인 정면상과 3/4 정면상 등이 많은 점, 불
교 조사상의 영향이 남아 있는 점, 여인의 초상화가 그려졌다는 점 등

태조의 어진

도 특징적이다. 또한 인물의 겉모습만 담는 것이 아니라 인품을 표현하는 데 치중하는 전신(傳神) 화법이 중시되었다. 그 외에도 기록화로서 계회도(契會圖)가 그려졌다. 계회도란 오늘날의 기념사진처럼 모임에 참석한 사람들의 모습을 그려놓는 것으로 조선 초기에는 주로 관청 부서의 계회도가 많이 그려졌다.

조선 초기 장말손의 초상

조선 중기 송시열의 초상

조선 중기에 접어들면 연산군 시대와 무오(戊午, 1498)·갑자(甲子, 1504) 양대 사화(士禍)를 거치면서 초기의 잔재가 일소되고, 중종반정 이후 김굉필의 제자들인 기호사림파가 중심이 되어 성리학 이념을 현실 정치에 반영하려는 운동이 전개된다. 그 결과 정치, 사상, 문화 등 사회 전반에 걸쳐 새롭고 다양한 변화들이 모색되고 실천되었다. 이 시기 초상화의 특징으로는 사실적인 얼굴과 소략하게 처리한 옷, 전신 화풍에 힘쓴 것과 여유 있는 과장 및 원만한 곡선 구사 등을 들 수 있다.

조선 후기는 성리학파의 정권 장악으로 시작되는데, 율곡학파(西人)가 주도하고 퇴계학파(南人)가 묵인한 인조반정(1623)이 그 분기점이라 할 수 있다. 이후 조선은 성리학 이념이 주도하는 혁신사회로 돌입하게 된다. 더구나 이 시기는 중화문명의 정통 계승자를 자처하는 명(明)이 멸망하고 (1661), 조선이 야만시해왔던 여진족이 청(淸)을 세우고 그들의 문화를 강요하고 있었다. 당시 조선의 지식인들은 중국에서는 중화 문화가 소멸했다고 보고 조선이 마땅히 그 계승자가 되어야 한다고 생각했다. 이로써 조선이 곧 중화의 정통 계승자라는 자부심과 함께 조선 성리학을 바탕으로 싹터온 고유의 색깔이 더욱 활기를 띠고 발전해나간다. 조선 성리학과 조선 중화주의가 상승작용을 일으킨 결과라 하겠다.

조선 후기에 접어들면 초상화에서도 기존 관행이 깨지면서 상당한 나양성이 나타난다. 초상화의 도상(圖像)이 다양해지고, 얼굴과 몸 모두를 사실적으로 그렸으며, 여성의 초상화도 새롭게 등장하였다. 아울러 중국을 통해 서양화법이 전래, 수용되었다. 명암법(明暗法)과 원근법(遠近法), 투시도법(透視圖法) 등 서양화법은 중국 연경(燕京)을 다녀온 사행원(使行員)들에 의해 전해졌다.

조선 후기 초상화 중 서양화법이 적용된 것으로는 번암 채제공의

조선 후기 윤두서의 지화상

채제공의 초상

초상화를 들 수 있다. 채제공의 초상화에서 어색하게 그려진 손 부분이 서양화법을 통해 그린 것이다. 원래 우리 초상화에서는 손을 그리지 않는다. 채제공의 초상화에서는 정조가 하사한 부채와 향낭을 그려 넣어야 했기에 어쩔 수 없이 손을 그렸으나, 다소 어색하다.

Ⅱ. 산수화

조선의 회화는 고려와 커다란 차이를 보인다. 고려의 회화가 주로 불교적 색채를 띠면서 예배나 기원의 뜻을 담고 있는데 반해, 조선의 회화는 양반 사대부들의 감상을 목적으로 그려지면서 소재가 다양해졌다. 또한 불화에서 보이는 화려함보다는 유교식의 절제와 격조를 내세운 그림들이 선호되었다.

조선 초기의 회화는 양반 사대부들의 성리학적 지향과 발맞추어 중국 화단의 영향을 많이 받았다. 이 시기의 산수화를 대표하는 것으로는 안견의 〈몽유도원도(夢遊桃源圖)〉를 들 수 있다. 〈몽유도원도〉는 안평대군이 꿈에서 무릉도원을 다녀오고 나서 그 내용을 안견으로 하여금 그리게 한 것이다. 〈몽유도원도〉는 성리학을 기반으로 하는 조선 사대부들의 이상향을 표현했다. 이런 그림에서는 인간이 아예 등장하지 않거나 나오더라도 개미만큼 작게 그린다. 〈몽유도원도〉는 전통 회화의 일반적인 구성과 달리 좌측에서 우측으로 화면을 구성했는데, '고원'(高遠), '심원'(深遠), '평원'(平遠)을 적절히 운용하여 치밀함과 광대함을 아울러 갖추고 있다.

안견의 〈몽유도원도〉

조선 중기에 접어들면 전기 안견의 화풍을 계승하면서도 내용과 형식 면에서 더욱 조선적인 특성을 지닌 산수화가 그려진다. 이 시기 산수화를 대표하는 것은 이경윤의 〈고사탁족도(高士濯足圖)〉이다. 조선 중기 산수화의 특징으로는 인간을 중심 화제로 삼고 자연은 일부만 그린 것을 들 수 있다. 즉 개성이 드러나고 있는 것이다. 그러나 여전히 막연한 인간을 그렸을 뿐 그 시대를 살고 있는 조선 사람을 그린 것은 아니다.

이경윤의 〈고사탁족도〉

조선 후기에 가서야 비로소 중국이 아닌 우리의 아름다운 산천을 그린 진경산수화의 새로운 장이 열린다. 진경이란 실제의 경치를 뜻한다. 그런데 진경은 단순한 실제 경치뿐만 아니라 '신선이 변형해놓고 하늘로 오른 땅'이라는 의미를 내포하고 있다. 후기에 그려진 진경산수 대부분이 주변의 평범한 세속 풍경을 담지 않고 금강산을 비롯한 명승고적에 초점을 둔 것도 그런 까닭이다. 진경산수화의 문을 연 사람은 정선이다. 그는 전통 산수화풍과 남종화풍을 바탕으로 우리 산천에 어울리는 화법을 구상하여 지신의 회화세계를 구축했다.

정선의 〈삼부연 폭포〉

　진경산수화는 우리 산천을 대상으로 하는 까닭에 기존 산수화와 다른 독특한 원칙이 있다. 첫째는 길을 그릴 때 처음과 끝을 그리고 길을 중간에 자르는 것이다. 둘째는 중간에 사람을 그리는 것이다. 이는 물체가 공간을 형성하기 때문이다. 진경산수화를 그리는 이러한 원칙은 조선 후기에 우리 국토를 그린 지도 제작이 활발했던 것과 밀접한 관계가 있다. 즉 우리 국토의 명승고적을 그린 진경산수화가 이런 원칙들을 지키지 않으면 지도가 되어버리기 때문이었다.

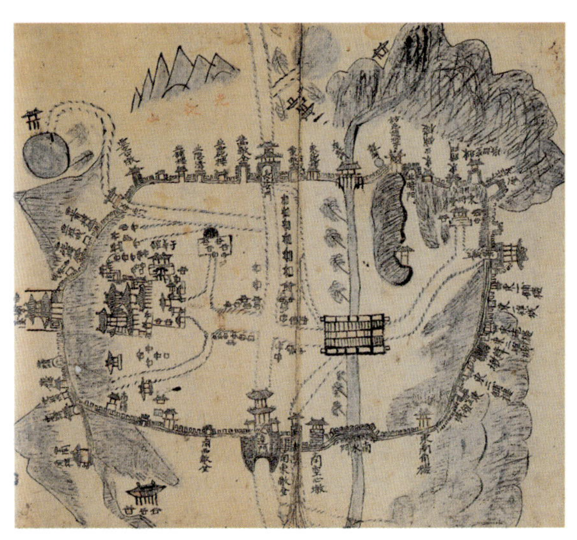

조선 후기의 〈화성도〉

진경산수화가 발달한 것은 조선 후기의 사회·경제적 발달과, 그 이전에 성취된 조선 성리학의 완성, 그리고 사상적 기반을 가지고 집권한 노론 세력의 지원에 기반하고 있다. 다시 말해 진경산수화는 조선시대 왕조 중심 문화의 꽃이 만개하면서 만들어진 하나의 매듭이라고 할 수 있다.

진경산수화가 그려진 영·정조 연간은 문예부흥기라고 일컬어지듯이 회화뿐 아니라 역사, 지리 등의 국학과 실학, 애정소설, 사설시조를 비롯한 문학과 판소리 등 주체적 의식이 깃든 학문과 예술이 크게 융성하였다. 이는 임진왜란과 병자호란 양대 전란의 상처를 씻고 일구어낸 정치, 사회, 경제적 안정의 바탕 위에서 이룩된 것이다.

다른 한편 진경산수화의 발달은 조선 사대부 지배층의 자신감과도 관계가 있다. 유학자들은 퇴계와 율곡을 거치면서 조선 성리학이 완성을 이루고 중국의 명이 청에 망하자, 문명의 중심이 조선으로 옮겨졌다는 조선 중화사상을 가지게 된다. 이들은 주자가 꿈꾸었던 무이구곡(武夷九曲)을 중국이 아닌 우리 땅에서 찾으려고 하였다.

결국 진경산수화의 발달은 중세 양반문화의 성장에 의한 자신감의 표출이라고 할 수 있다. 조선 개국 이래의 사회·경제적 성장과 조

선 성리학의 완성 등을 배경
으로 집권한 노론은 조선 중
화주의 의식을 가지면서 우
리 땅에서 주자의 무이구곡
과 같은 상상의 공간을 찾을
수 있다는 자신감으로 우리
땅을 그리게 하였으며, 전국
의 명승지를 유람하고 노래
했던 것이다.

그러나 조선 후기의 진
경산수화는 주변의 구체적
인 삶이나 새 시대를 향한 역
동적 현장을 담는 실경으로
확대되기보다는 조선 사대
부 지식인 문화의 이념적 테
두리 안에 머물렀다. 이는
당대 화가들의 역량이 미흡
해서라기보다는 조선 사회
가 갖는 시대적 한계에서 비
롯된 결과이다.

조선 말기에 이르면 조
선 성리학은 난만한 발전을
보이며 인성(人性)과 물성(物

김홍도의 〈무이구곡〉

장승업의 〈삼인문년도〉

性)의 근원적인 같고 다름을 따지는 세분화된 철학 논쟁으로 나아간다. 이는 곧 조락을 예시하는 것으로, 이를 대체할 신사상의 출현이 불가피했다. 이에 청조 고증학을 새로 받아들이려는 북학운동이 일어나는데, 정조는 규장각을 설치하여 이를 적극 후원하였다. 정조 대의 북학운동이 가시적인 결실을 맺은 것은 추사 김정희에 의해서였다. 그는 청조 고증학을 바탕으로 새로운 서화풍인 추사체를 확립하였을 뿐만 아니라, 청조 문인화풍의 고답적인 일격수묵화를 지향하여 조선 말기 화단을 풍미하였다. 그러나 조선 말기 후반, 즉 고종 즉위 이후에는 장승업 등이 장인적인 기량을 강조하는 그림들을 보다 즐겨 그렸다. 이는 장승업 개인의 역량뿐 아니라 외세 문물의 충격과 내적인 질서의 붕괴에 기인한 것이었다.

Ⅲ. 풍속화

조선 후기 풍속화는 17세기 중반 이후 많이 그려진 기록화를 그 시초로 볼 수 있다. 행사 장면을 재현해놓은 기록화에는 행사장 주변의 풍경과 풍물, 그리고 일반 백성들을 등장시키고 있다. 17세기 기록화의 대표적인 사례로는 현종 5년(1664)에 제작된 〈북새선은도(北塞宣恩圖)〉를 꼽을 수 있다. 〈북새선은도〉는 길주 관아에서 치러진 문·무과 과거 시험 장면을 담은 '길주과시도'(吉州科試圖)와 함흥 관아에서

〈함흥방방도〉 부분

〈화성능행도〉(부분)

합격자를 발표하는 '함흥방방도'(咸興放榜圖) 두 점의 그림으로 구성
되어 있다. 이 두 그림 가운데 풍속화적 요소로 관심을 끄는 도상이
'함흥방방도'의 왼쪽 구석에 있다. 함흥성의 왼쪽으로 성천강(城川
江)이 흐르는 평야지대가 전개되고 강을 가로질러 성곽으로 통하는
만세교(萬歲橋)라는 목책 다리가 놓여 있다. 그 왼쪽 아래로 강 언덕
에 버드나무 두 그루와 강물 속으로 짐을 싣고 건너는 두 대의 소달구
지가 그려져 있는데, 이 소재는 그 이전의 권위적인 기록화에서는 찾
아볼 수 없는 풍속화적 요소이다.

　이 같은 면모는 풍속화가 유행하는 18세기 후반에 이르게 되면
더욱 뚜렷해져 〈정조의 화성능행도〉와 같이 궁중이나 양반 관료의
권위적인 기록화에서도 구경꾼이나 백성들의 삶이 보다 다양하고 폭
넓게 그려진다.

196

1. 풍속화

풍속화는 당대의 살림살이를 이해하는 데 큰 도움이 될 뿐 아니라 그 전까지 회화의 대상으로 여겨지지 않았던 백성들의 모습이 화폭에 담겨 있어 성장된 민중의식의 반영으로 주목된다. 조선 후기의 경제력 상승에 따라 기존의 신분 질서가 동요하는 가운데 이루어진 서민문화와 민중의식의 성장은 풍속화의 발전을 촉진시킨 밑거름이었다. 영·정조를 거쳐 순조에 이르러 절정에 달한 조선 풍속화는 공제 윤두서로부터 시작된다.

　　윤두서는 고산 윤선도의 증손자이며 남인 계열에 속한다. 서인

윤두서의 〈나물 캐는 여인〉과 〈짚신 삼는 노인〉

(노론)이 집권한 당대 정치 현실에서 소외될 수밖에 없었던 재야 성향의 지식인이었다. 윤두서는 충분한 능력이 있었음에도 관료사회에 진출하지 못하고 불우한 인생을 보냈다. 특히 그의 자화상은 머리 부분만 그린 것인데 지식인의 고뇌가 느껴지는 뛰어난 작품이다.

윤두서는 숙종 22년(1696)에 일어난 이영창 모반 사건 이후 서울에서 해남으로 낙향하여 사회적으로 천대받던 일하는 사람들의 모습을 그렸다. 〈나물 캐는 여인〉, 〈짚신 삼는 노인〉, 〈쟁기질과 목동〉 등이 대표적이다. 그런데 윤두서의 풍속화에서는 산과 새, 나무, 언덕이라는 전통적인 산수화의 요소, 즉 관념성의 일부가 남아 있다. 이는 풍속화 의식이 충분히 성숙되지 못한 시대적 한계인 동시에, 대지주 양반 출신인 윤두서 개인의 보수성에 기인한 것이다.

윤두서로부터 시작된 풍속화는 관아재 조영석에게 계승되어 본격적으로 발전한다. 조영석은 윤두서의 그림을 기반으로 조선 풍속화를 발전시켰으며, 후일 단원에게 영향을 미쳤을 것으로 생각된다. 조영석이 당시 집권세력인 노론 출신이면서도 당대 풍속과 백성들의 삶에 눈을 돌릴 수 있었던 이유를 다음 몇 가지에서 찾을 수 있다.

조영석은 대과(大科) 급제 없이 관계에 진출한 탓에 정계의 핵심에서 한 발 벗어나 있었다. 그러다 30대 중후반(1721~1722)에 왕세자 책

조영석의 〈바느질〉

봉을 놓고 소론(경종 추대)에게 노론(영조 추대)이 밀리는 신임사화의
여파로 스승인 이희조가 영암으로, 큰형 조영복이 선산으로 유배되고
후원세력인 김창집 등이 사사되는 수난을 받게 된다. 이를 계기로 조
영석은 중앙 정계 진출을 멀리하고 그림에 더욱 관심을 쏟게 된다. 하
지만 일반 백성들의 삶을 본격적으로 그린 그도 자신의 그림을 남에게
보이기 꺼렸다.

조영석의 대표작인 〈바느질〉, 〈새참〉, 〈젖 짜는 어미소와 송아지〉,
〈이 터는 노승〉 등은 『사제첩(麝臍帖)』에 실려 있다. 이 작품들에서
조영석은 일렬횡대의 배열을 보여주는데, 이는 김홍도가 원형 구도로
소재를 부감하여 포착한
것과 다르다.

18세기 후반 조선 풍
속화의 새로운 경지는 단
원 김홍도와 혜원 신윤복
의 업석에 의한 깃이다. 단
원 김홍도의 풍속화는 주
로 일반 백성들의 생활을
묘사한 것으로 구수하고
소박한 정서를 담아냈다.
단순하고 강직한 필체는
남성적이며, 배경적 설명
이 전혀 없는 그의 풍속화
는 여백마저도 회화적으로

김홍도의 〈기와 이기〉

신윤복의 〈주막 풍경〉

처리해 독자적이라는 평을 받고 있다. 농민이나 수공업자들의 일상생활을 소재로 한 단원 그림의 등장인물들은 한국적 해학과 정감이 넘치는 둥글넓적한 얼굴에 흰 바지와 저고리를 입고 있다.

김홍도가 일반 백성들의 생활상을 중심으로 풍속화의 세계를 추구한 것과 달리, 혜원 신윤복은 중세 말기의 변모하는 도회상의 단면을 드러내는 데 주력하였다. 신윤복은 여성과 유흥문화, 남녀의 성정(性情) 등 당시 천대받고 저속하다고 여겨진 소재를 주로 그렸다. 풍속화의 새 경향을 창출한 것이다.

신윤복의 그림에는 기녀들과 양반들의 애정행각, 새롭게 형성되었던 중인 계층의 문화, 부녀자와 승려의 탈선, 화류(花柳)의 세계에서 벌어지는 에로틱한 풍경 등이 등장한다. 조선 후기 유흥문화는 지나칠 정도로 발달해 있었다. 당시 거리 여기저기에는 색주가(色酒家)가 널려 있었으며, 사방에 투전을 하는 젊은이와 늙은이들이 있었다. 〈뱃놀이〉는 기생들과 물놀이하는 양반들을 묘사하고 있으며, 그 외에도 〈후원놀이〉, 〈화류놀이〉 등과 같은 그림에서 당시의 놀이문화를 엿볼 수 있다. 반상을 엄격히 구분한 당대 성리학 이념의 폐쇄적 굴레에서 볼 때 서울의 향락 풍조를 중심으로 현실 사회상을 꼬집은 그의 풍자적 화풍은 사대부의 허식적 윤리관과 체면치레에 일격을 가하는 것이었다. 그리고 자신의 이름을 당당히 밝힌 점도 유교적 도덕관념이 지배적이었던 당시 사회에서는 일종의 저항이었다고 평가할 수 있다. 신윤복의 작품이 나올 수 있었던 것은 개인적 대담성을 넘어 그런 행위를 가능하게 하는 새로운 흐름이 자라고 있었음을 반영한다고 볼 수 있다.

2. 춘화

19세기 풍속화의 또 하나의 경향은 성희 묘사를 직설적으로 담은 춘화첩의 유행에서 찾을 수 있다. 춘화의 확산은 19세기 들어 변화하는 중세사회의 단면을 반영한다. 상품화폐 경제의 발달에 따라 농촌이 분화되면서 많은 사람들이 도시로 이주하였고, 도시의 발달은 퇴폐 향락의 도시문화를 생겨나게 하였다. 춘화는 퇴폐적인 도시문화, 즉

김홍도의 춘화

유곽의 확대나 성의 상품화와 관련된다. 이러한 도시문화를 주도한 계층은 양반 지주층뿐 아니라 체제의 문란과 부패에 편승하여 치부한 서울 및 지방 관아의 하급 관료나 향리, 부민층 호사가까지 포함된다.

풍속화에 이어 발전한 춘화는 무너져가는 중세 사회를 꼬집거나 남녀의 정념을 노골적으로 서술한 애정소설이나 사설시조, 변강쇠타령을 비롯한 판소리, 탈춤이나 연희예술의 유행 등 동시대의 문예 동향과 궤를 같이한다. 이런 문예 경향은 변할 수밖에 없는 윤리관과 새로운 생활감정을 읽게 해준다. 같은 시기 중국이나 일본에서도 그러한 회화와 문예가 확산되었던 점을 감안할 때, 남녀 애정사를 담은 풍속화에서 노골적인 춘화에 이르는 회화유형은 시대성과 동시에 국제성을 지니는 것이다.

3. 민화

민화는 이념 추구의 정통 산수화의 틀을 벗어나 조선색이 풍부하고 변화에 가득 찬 생활화로서 깊은 의미를 갖는다. 18세기 이후 조선사회의 봉건적 신분질서는 생산력의 발달에 따라 와해되어갔다. 생산력의 발전을 바탕으로 부농 또는 부민층이 형성되면서 민화의 바탕이 마련되었다. 이러한 시대 흐름 속에서 민화라고 부르는 유형의 회화가 발달하게 된다. 즉, 생활공간을 장식한 병풍류의 감상화로 그려진 동물화, 새와 꽃 그림, 물고기와 게 그림, 책거리 등이 그것이다. 민화의 대부분은 작자 미상이다.

민화는 삶의 정서를 풍부하게 해주는 쉬운 내용의 예쁜 그림이나 부귀, 장수, 벽사를 비는 세화(歲畫)와 민간신앙적 그림, 그리고 인기 있는 소재를 그린 것들이 많이 제작된 것으로 보인다. 이것은 당시의 사회·경제적 변화를 반영하는 새로운 소비계층의 성장을 시사하는 것이기도 하다. 이러한 장식 그림은 근대사회로 이행하는 물질적 기반인 생산력 발전이 만들어낸 새로운 부농 또는 부민층의 성장과 함께한다.

조선후기 민화

인류가 남긴 모든 상징과 상징체계에는 우주와 자연을 보는 특정한 세계관이 녹아 있다. 그런데 상징은 단일한 관념체계와 논리로 쉽게 해독되지 않는다. 상징이란 인간의 다양한 욕구가 직관적으로 반영된 자유로운 표현형식으로서, 다양한 인간 집단들의 시적·역사적 감수성이 담겨 있다. 따라서 상징을 제대로 이해하기 위해서는 그것의 논리 구조와 체계보다는 그 구체적 표현형태에 주목할 필요가 있다.

전통사회가 남긴 문화유산 전반에서 우리는 다양한 형태로 등장하는 상징들을 발견할 수 있다. 문양이나 도상 등이 그 대표적 예인데, 우리가 상징을 이해한다고 했을

8장

전통문화의 상징과 암호 풀기

때 의미하는 바는 그것들을 통해 선인들의 염원과 생각, 세계관 등을 읽어낸다는 뜻일 것이다. 그런데 상징은 특정한 개인의 것이 아니라 민족이나 문화집단을 단위로 함께 공유하는 것이다. 또한 상징에는 그 상징적 내용의 타당성을 보강하는 일정한 신화, 전설 등 이야기가 담겨 있기도 하다. 상징은 이런 이야기를 단순화, 기호화한 결과물이고, 따라서 읽는 사람은 단순화된 기호에서 하나의 이야기를 그려낼 수 있어야 한다. 바로 여기에서 우리는 전통문화의 의식세계, 기원과 희망, 꿈, 자연과 우주에 대한 생각 등을 추적하는 단서를 얻을 수 있다.

1. 해와 달

하늘에서 빛나는 해와 달은 일찍부터 인간이 가장 신성시하는 대상이
될 수밖에 없었다. 특히 농경사회에서 해와 달은 절대적인 비중을 차
지한다.

청동기시대 사용된 의기의 하나인 팔주령에는 태양의 문양이 보
인다. 이는 태양의 권능에 대한 종교적 신앙의 형태를 보여준다. 울주
천전리 암각화의 동심원 문양 역시 태양을 상징하는 것으로 본다.

팔주령과 태양부분의 도식

고구려의 고분 벽화에도 해와 달이 자주 등장한다. 그런데 해에
는 다리 셋 달린 까마귀가 있고, 달에는 방아 찧는 토끼나 두꺼비가
그려져 있다. 태양에 삼족오가 등장하는 이유를 『회남자(准南子)』는
다음과 같이 전하고 있다.

> 옛날에는 하늘에 해가 열 명이 있었다. 해의 어머니가 하루에 한
> 명씩만 바깥에 내보냈는데, 갑갑해 하던 아들 해들이 어머니를
> 가두고 모두 밖으로 뛰쳐나갔다. 하늘에 해가 열 개가 되니 너무
> 뜨거워 사람들이 견딜 수가 없어 예라는 명궁이 해 하나만 남겨
> 두고 모두 활로 쏘아 떨어뜨렸다. 땅에 떨어진 해를 보니, 다리
> 셋 달린 까마귀였다. 그래서 해에 까마귀를 그렸다.

또한 달에 두꺼비가 살게 된 까닭을 『회남자』는 이렇게 설명한다.

> 옛날에 서왕모라는 신을 모시던 항아라는 시녀가 있었다. 어느
> 날 서왕모 몰래 불사약을 훔쳐 먹고, 꾸중이 두려워 달로 도망가
> 숨었다. 서왕모는 화가 나서 항아를 못생긴 두꺼비로 만들었다.
> 그래서 달에는 두꺼비가 살게 되었다.

한편, 토끼 역시 태음(太陰)의 대표적인 동물로 알려져 있다. 『본
초강목』에 "토끼는 명월(明月)의 정(精)"이라 하였고, 『예기』「곡례」에
는 "달의 정은 명시(明視)이고 그 상(像)은 토끼"라고 되어 있다.

이와 같이 달을 상징하는 동물로는 두꺼비와 토끼가 있는데 우리

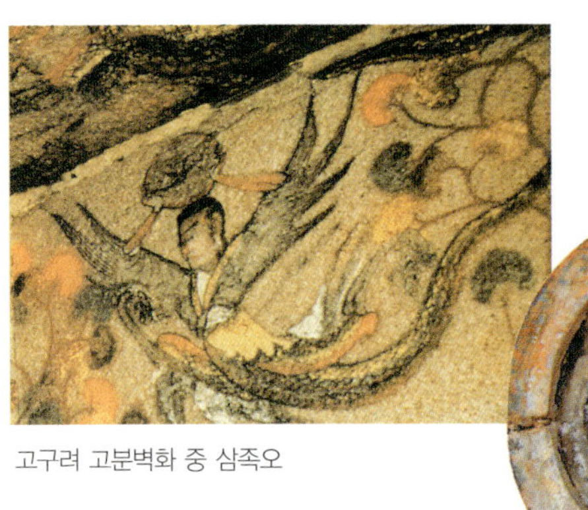

승주 선암사 원통전 토기 문양

고구려 고분벽화 중 삼족오

는 달에 두꺼비가 산다는 이야기
보다 계수나무 아래에서 토끼가 방아
를 찧는다는 전설에 더 익숙하다. 왜 그럴까? 이는 토끼가 부처를 대
신하여 자신의 몸을 희생하여 쌓은 공덕으로 달에 환생했다는 불교
설화와 관련이 있다.

　불교에서 토끼가 헌신과 희생의 상징으로 간주된 것은 제석천과
토끼에 얽힌 불교설화에서 비롯된다. 어느 날, 여우와 원숭이와 토끼
가 불심(佛心)을 터득한 것을 자랑하려고 제석천을 찾아갔다. 이들을
시험하기 위해 제석천이 시장기가 돈다고 하자, 여우는 즉시 잉어를
물어오고 원숭이는 도토리를 주워왔으나, 토끼만 아무것도 구하지 못
하고 빈손으로 돌아왔다. 토끼는 제석천 앞에서 모닥불을 피우더니
불 속에 뛰어들며, 내 고기가 익거든 잡수시라고 하였다. 제석천이 토
끼의 진심을 가상히 여겨, 중생들이 길이 우러러보도록 토끼를 달에
다 옮겨놓았다. 이렇게 하여 토끼가 달에 살게 되었다고 한다.

　달 속의 토끼와 계수나무 전설은 인도를 비롯하여 중국, 일본 등에서도 찾아볼 수 있다. 따라서 이 전설은 인도에서 시작되어 불교의 전래와 함께 들어온 것이라 생각된다. 7세기 이후 불교가 일상의 삶을 지배하면서 두꺼비보다는 토끼가 더 친숙하게 된 것이라 할 수 있다.

2. 나무와 새

고대인의 신화세계에서 새는 신과 인간의 연결자로 숭배되었으며, 나무는 생명력을 상징하는 존재로 여겨졌다.

고구려 동명설화에 의하면 유화 부인이 임신을 하여 알을 낳았는데, 부여의 금와 왕이 알을 들판에 버렸더니 새가 날개로 덮어주었다고 한다. 이처럼 새는 중요한 지도자의 탄생과 밀접한 관련이 있다. 이는 신라 석탈해의 탄생신화에 새가 등장하고 있는 것에서도 알 수 있다. 『삼국사기』는 석탈해의 탄생 이야기를 전하며 다음과 같이 기록하고 있다.

> 이 아이의 성씨를 모르니, 처음에 궤짝이 왔을 때 까치 한 마리가 날아와 울면서 그것을 따랐으므로 마땅히 작(鵲)에서 조(鳥)를 생략하여 석(昔)으로 성을 삼고, 또 궤짝에 넣어둔 것을 열고 나왔으므로 마땅히 탈해(脫解)라 해야 한다.

이는 위대한 지도자가 새를 통해 하늘에서 내려왔음을 상징한 것이다.

또한 새는 장례와도 연관이 있다. 『삼국지』「위서」변진조에는 "사람이 죽으면 하늘로 날아가도록 큰 새의 깃털로 장례를 지낸다"고 되어 있다. 이와 같이 새는 하늘과 인간을 연결해주는 매개자 역할을 하는 신성한 존재였다. 마을 입구에 세운 솟대와 새 장식은 이러한 전통을 보여주는 것이다.

신라 금관

새와 나무에 대한 이러한 숭배가 추상화된 것이 신라 금관이다. 신라 금관에 나타나는 나무 모양과 사슴뿔 모양은 샤먼의 전통을 잇는 상징물로서 이 역시 신성한 존재를 드러내는 도상이자 천신에 의존하는 권력의 상징이다. 신라인들은 수직으로 하늘을 향해 자라는 나무는 하늘로 통하는 사다리로서 신과 인간을 연결해주는 매개체라 믿었다. 또한 사슴은 신의 의지를 전달하는 신령스러운 존재로 여겨졌다. 이는 1973년 경주 대릉원에서 신라 금관이 출토될 당시 피장자의 얼굴 전체를 고깔처럼 삼각형 모양으로 덮고 있던 것에서도 알수 있다. 금관의 주인이 태어날 때처럼 사슴의 인도를 받아 다시 하늘로 돌아갈 때, 생전의 권위와 영화가 내세까지 이어지길 기원하며 죽은 사람의 얼굴에 덮어준 것이다.

3. 태극, 음양 · 오행

팔괘도상

태극도상은 음양의 대립적인 원리로 갈라지기 이전의 원초적인 상태를 표상한 것이다. 태극과 음양은 우주만물의 생성과 변화의 원리로 이해되었기 때문에, 우주의 근원을 드러내는 도상으로 사용되었다. 다른 한편으로는 미래를 점치는 역술이나 점 등의 주술적인 신앙도상으로도 표현되었다.

건(乾, 하늘), 태(兌, 못), 이(離, 불), 진(震, 눈), 손(巽, 바람), 감(坎, 물), 간(艮, 산), 곤(坤, 땅)의 팔괘는 태극에서 음양의 분화로 나타난다. 도상에서 양은 '—', 음은 '－－'로 표현하였다. 양은 하늘을 근본으로 하고, 음은 땅을 본체로 한다. 천지 창조의 과정에 있어서

형태	명칭	상징	자연	동물	인제	가족
☰	건괘(乾卦)	양성(陽性), 강(剛)	하늘	말	머리	아버지
☱	태괘(兌卦)	음성(陰性)	못	양	입	작은딸
☲	이괘(離卦)	음성(陰性)	불	꿩	눈	중간딸
☳	진괘(震卦)	양성(陽性)	번개	용	발	장남
☴	손괘(巽卦)	음성(陰性)	바람	닭	다리	장녀
☵	감괘(坎卦)	양성(陽性)	물	돼지	귀	중간아들
☶	간괘(艮卦)	양성(陽性)	산	개	손	작은아들
☷	곤괘(坤卦)	음성(陰性), 유(柔)	땅	소	배	어머니

팔괘의 여러 의미

하늘이 시초이므로, 하나를 의미하는 '―'로 양을 표시하고, 땅은 하늘 다음으로 둘째이므로 둘을 의미하는 '――'로 음을 표시한다. 팔괘는 만물이 성쇠하는 모습을 나타낸 것이다.

우주와 세계가 나무(木)·불(火)·흙(土)·쇠(金)·물(水)의 다섯 원리로 이루어져 있다는 오행설에 입각하여, 도상에서는 주로 5방색으로 표현된다. 사신도의 5방색이 대표적이지만, 전통적인 채색 배치는 5방색을 기본으로 다양하게 활용되었다.

4. 천원지방(天圓地方), 10간과 12지

천지의 도상은 하늘을 원으로 표현하고 땅은 방형(사각형)으로 표현하였다. 그리고 사람은 삼각형으로 표현하였다. 훈민정음의 제자원리에서 모음의 ·, ―, ㅣ 은 천지인의 상징이다.

갑(甲), 을(乙), 병(丙), 정(丁), 무(戊), 기(己), 경(庚), 신(辛), 임(壬), 계(癸)의 10간은 본래 날을 세기 위한 단위였다. 10간은 천간(天干)이라 하여 하늘을 상징하는 부호를 의미한다.

자(子), 축(丑), 인(寅), 묘(卯), 진(辰), 사(巳), 오(午), 미(未), 신(申), 유(酉), 술(戌), 해(亥)의 12지는 본래 달(月)을 세기 위한 숫자로 사용된 것인데, 거기에 12지를 맞춘 것이다. 12지는 지지(地支)라 하여 땅을 상징하는 부호를 의미한다.

12지에 열두 동물 자=쥐, 축=소, 인=호랑이, 묘=토끼, 진=용, 사=뱀, 오=말, 미=양, 신=원숭이, 유=닭, 술=개, 해=돼지를 각각 배정

하였다. 12지의 동물은 전통의 중요한 도상으로 많이 활용되었다. 각각의 12지 동물은 12지 관념과 관계없이 개별적인 상징성을 다양하게 갖고 있다.

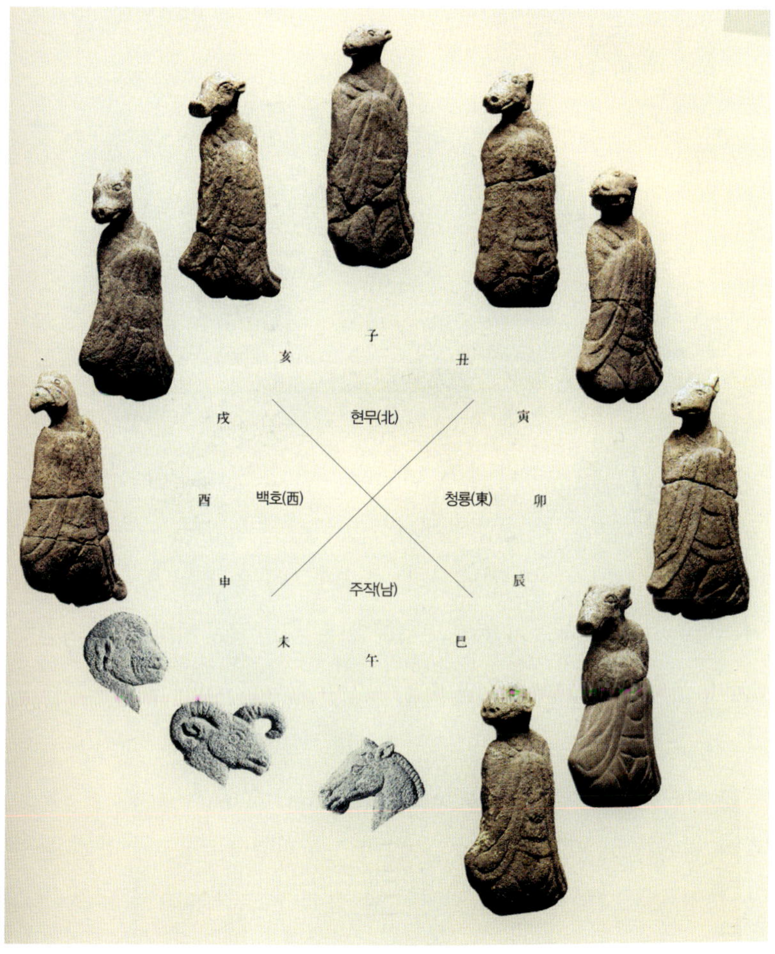

사신사와 12지지 배치

Ⅱ. 상서로운 동물

1. 사신과 사령

사신(四神)은 사방, 사계, 목(木)·화(火)·금(金)·수(水)를 상징하는 상상의 신으로 청룡, 주작, 백호, 현무를 가리킨다. 본래 사신은 하늘의 28수(宿) 별자리 중 7수(宿)씩 배당하여 각각 동서남북의 사방신을 가리키지만, 때로는 사악한 것을 물리치며 사방을 호위하는 호위신의 기능도 갖고 있다. 이 가운데 동서의 신을 특히 중요시하여 좌청룡(左靑龍), 우백호(右白虎) 사상이 성립되었다.

사령(四靈)은 용·봉황·거북·기린을 가리킨다. 사령 중 거북은 현무를 닮은 모습으로 등장하기도 한다. 사령은 상상 속의 동물로서, 신령과 권위를 상징하는 상징물로 많이 사용되었다. 사령 중 용과 봉황을 특히 중요시하였다. 이는 사신 중 용과 백호가 중요시 되는 것과 대비된다.

① 용

용은 실제 동물과 상상 속의 동물을 취합하여 만들어낸 모습이다. 머리는 낙타, 뿔은 사슴, 눈은 귀신(토끼), 귀는 소, 목은 뱀, 배는 큰 조개, 비늘은 잉어, 발톱은 매, 발바닥은 호랑이를 닮았다고 한다.

용은 다양한 능력을 갖고 있는 신령한 존재로 인식되었다. 홍수와 가뭄을 주재하는 수신(水神)의 성격, 바다에서 항해와 조업을 주재하는 해신(용왕)의 성격, 사악한 것을 물리치고 복을 가져다주는 벽사의 성격, 불법

경복궁 근정전 천장의 용

을 수호하는 호법신의 성격을 가지고 있다. 이밖에도 정치적으로는 왕권과 나라를 지키는 호국신의 성격도 지니고 있다.

사람들은 용의 다양한 성질과 신비한 능력에 의탁하여 그들이 바라는 바가 성취되기를 빌었다. 입신출세에 연결되는 어려운 관문을 등용문이라고 하는 것도 이와 관련이 있다. 궁중에서는 용을 임금의 권위에 비유하여 여러 장식 문양으로 활용하였다. 민간에서는 용 그림을 대문에 붙여 놓고 사악한 것을 물리치고자 하였으며, 풍어와 풍년을 기원하는 데도 사용하였다.

② 봉황

봉황은 신령한 존재 중에서도 용과 달리 여성적인 이미지를 갖고 있

다. 봉황은 수컷인 봉(鳳)과 암컷인 황(凰)을 함께 이르는 말로, 용이 학과 결합하여 낳았다는 상상의 새이자 조류의 우두머리로 여겨졌다. 봉황의 생김새는 뱀의 목, 제비의 턱, 거북의 등, 물고기의 꼬리 모양, 용의 무늬를 갖고 있는 것으로 묘사된다.

경복궁 근정전 월대의 봉황

봉황은 다섯 가지 덕을 갖추고 있다. 즉, 머리가 푸른 것은 인(仁), 목이 흰 것은 의(義), 등이 붉은 것은 예(禮), 가슴 부분이 검은 것은 지(智), 다리 아래가 누런빛을 띠는 것은 신(信)을 상징한다고 한다. 또한 봉황은 오색의 깃털을 지니고 오음(五音)의 소리를 내며, 오동나무에 깃들고 대나무를 먹고 산다고 믿어지는 상서로운 새이다. 이러한 봉황의 모습은 왕이 구비해야 할 덕목을 상징한다.

봉황이 나타나면 성군의 덕치가 베풀어져 천하가 태평해진다는 믿음에서 성군의 상징으로 쓰이기도 한다.

③ 거북

사령 중 거북은 실제의 거북이 아니라 상상으로서의 거북이다. 용이 모든 동물의 우두머리이고, 봉황이 새의 우두머리인 것처럼, 거북은 개충(介蟲, 단단한 껍질로 된 동물)의 우두머리로 여겨졌다.

예로부터 거북의 등껍질은 주술의 도구로 사용되었기 때문에 거북은 주술적 능력이 있는 동물로 여겨져 신과 인간을 연결하는 매개

자이거나 길흉과 운세를 좌우하는
동물로 받아들여졌다. 또 긴 수명으
로 인하여 불사장수의 상징으로 여
겨지기도 하였는데, 십장생의 거북
이 대표적이다. 또 거북은 땅을 떠받
치고 있는 동물로 묘사되기도 한다.

경복궁 자경전 십장생 굴뚝의 거북

④ 기린

기린은 용이 암말과 결합하여 낳았다고 믿어지는 동물이다. 생김새는
사슴의 몸에 소의 꼬리, 말의 발굽을 닮았으며, 이마에 뿔이 하나 있
고 네 개의 다리 앞쪽에는 화염 모양의 갈기를 달았으며 하루에 천리
를 달린다고 한다. 털 달린 짐승 중에 우두머리로 인식되었다.

기린은 상서로운 동물로 여겨져 어진 임금이 나타날 때의 전조로
서 나타난다고 알려졌다. 『시경』에
기린의 성품에 대하여 "발이 있는
것은 치기 미련이며 이미기 있는 것
을 들이빋기 십상이고 뿔이 있는 것
은 부딪치고자 하는데, 유독 기린만
은 그렇지 아니하다"라고 기록되어
있다. 따라서 기린은 이런 어진 성품
때문에 태평성대를 예고하는 상서로
운 동물로 여겨져 장식문양으로 널
리 쓰였는데, 용과 같이 청·백·적·

해체된 경복궁 광화문의 기린

흑·황의 5색으로 표현되고 있다. 한편 우리는 재주와 지혜가 뛰어나 장래가 촉망되는 젊은이를 기린아라고 부르기도 한다.

⑤ 호랑이

까치와 호랑이(민화)

호랑이는 사령 중에는 포함되지 않지만, 우리 민족에 있어 고래로부터 여느 동물과 달리 특별한 의미를 지닌 동물로 사랑을 받기도 하고, 또 미움을 당하기도 한 동물이다. 따라서 호랑이는 회화를 비롯한 여러 미술 분야에서 자주 등장한다.

그림에 등장하는 호랑이는 형태상으로 별 차이를 보이지 않는다 하더라도, 작가의 의도나 그림의 용도에 따라 그 의미나 상징성이 다를 수밖에 없다. 이는 호랑이에 대한 옛사람들의 관념이 획일적이지 않고 매우 다양하였기 때문이다.

호랑이는 실재하는 동물이지만 상상의 존재로 백호로 나타나기도 한다. 이때의 백호는 병마나 사악한 기운을 물리치는 능력이 있는 벽사의 능력을 갖는 존재이다. 조선시대에는 매년 정초가 되면 민가에서 호랑이 그림을 그려 용 그림과 함께 대문에 붙여 잡귀를 쫓는 풍습이 있었는데, 이 경우 호랑이는 벽사의 주재자로서 기능하였다. 또한 꿈에 호랑이를 보면 관운이 트일 징조라 하였다.

전래의 호랑이 숭배는 산악신앙과 연결되어 산신 그자체로 인식되기도 하고, 혹은 산신이 타고 다니는 존재나 심부름꾼으로 묘사되기도 한다. 한편 유교에서는 인간의 효행에 감동하여 사람을 돕거나 은혜를 갚을 줄 아는 보은의 동물로 묘사되기도 한다.

조선 후기 민화가 발달하면서 해학적인 모습의 까치와 호랑이가 많이 그려졌는데, 원래는 호랑이가 아니라 표범을 그려야 맞다. 표범(豹, bao)과 보(報, bao)의 중국어 발음이 같고, 소나무는 정월(新年), 까치는 기쁨(喜)을 뜻하기 때문이다. 이 그림의 뜻은 '신년보희'(新年報喜), 즉 '새해를 맞아 기쁜 소식만 오다'가 된다.

우리나라에서 표범 대신 호랑이가 들어간 것은 음력 정월이 호랑이달(寅月)이기 때문인데, 그래서 우리의 까치와 호랑이 그림에 등장하는 호랑이는 표범 무늬가 많이 섞여 있다. 그러나 후대로 갈수록 표범 무늬가 적어져서, 아주 호랑이가 되어버렸다.

2. 벽사길상

인간은 누구나 상서로움을 원하고 사악한 것을 물리치기를 바란다. 이런 바람을 담은 벽사길상의 상징으로는 사신과 호랑이가 대표적이며, 이외에도 해치, 귀면(처용), 고양이, 닭, 까치 등이 있다.

① 귀면

전통신앙에서 유래된 존재로서, 악신이라든가 질병 등을 퇴치하고 화복을 가져다주는 정령의 존재로 여겨졌다. 『삼국유사』의 처용과 연관

된 설화도 있다. 귀신의 형상은 사람 눈에는 보이지 않으나, 처용의 모습이나 도깨비와 같은 형상으로 그려진다. 전통적으로 와당이나 문고리 등의 장식으로 많이 표현되었다.

귀면와

② 고양이

고양이는 밤중에도 잘 볼 수 있는 동물이다. 모든 귀신들은 밤에 활동하기 때문에 밤을 지키는 고양이가 있으면 사악한 것들이 근접하지 못한다는 속설이 있다. 이런 연유로 벽사의 상징물로 간주되었다. 지붕의 용마루 양 끝에 묘두와를 막새로 올리기도 하였다.

③ 해치

해치는 요순시대에 태어났다는 상상의 동물로 해태라고도 불리었다. 해치는 뿔이 하나밖에 없으며 시비를 잘 가리는 성질을 가지고 있어, 옳은 사람은 편을 들고 그른 사람은 공격하여 성군을 도와 현명한

경복궁의 해태상

일을 많이 하였다. 따라서 해태는 정의의 동물로서 벽사의 존재로 인식되기도 하였다. 이런 연유로 경복궁 광화문 앞의 해태상은 원래 조선시대 관리들을 규찰하는 관서인 사헌부 앞에 있었다.

④ 닭

닭은 새벽을 알리는 동물로, 희망찬 출발이나 상서로움의 상징으로 인식되었다. 또 닭이 울면 모든 잡귀가 사라진다고 믿어 벽사의 상징으로 쓰이기도 하였다. 닭은 문(文), 무(武), 용(勇), 인(仁), 신(信)의 오덕을 갖춘 존재로 여겨져, 길상의 상징으로 널리 받아들여졌다.

닭 문양 가구 장식

머리에 관(벗)을 쓰고 있으니 문(文)이요, 발에는 날카로운 발톱이 있어 무(武)요, 적을 맞아 물러서지 않고 죽을 때까지 싸우니 용(勇)이요, 음식을 보면 혼자 먹지 아니하고 함께 먹으니 인(仁)이요, 밤을 지키되 그 때를 잃지 않으니 신(信)이라 하였다. 중국에서는 계(鷄, ji)의 발음이 길(吉, ji)과 같다 하여 닭을 길상의 상징으로 여겼다. 그래서 혼인할 때 화려한 수탉을 보내는 것은 혼인을 축하하고 길상과 이로움을 축원하는 뜻이다.

⑤ 까치

까치는 길상의 상서로운 동물로 인식된다. 원래 까치는 둥지를 중심
으로 한곳에서 사는 텃새로서, 둥지는 마을 근처 큰 나무 위에 마른가
지를 모아 지름 약 1미터의 공 모양으로 짓고 옆쪽에 출입구를 만든
다. 그러므로 낯이 익은 마을 사람들에게 소리를 내지 않고, 반대로
낯이 익지 않은 사람에게는 소리를 내는 습성을 가지고 있다. 따라서
까치가 소리를 내는 것은 마을에 낯선 사람이 오기 때문이다. 이로 인
하여 까치는 손님의 출현을 알리는 새로 여겨지게 되었다.

조속의 까치 그림

까치가 기쁨을 상징하는 상서로운 새인 것은 『삼국유
사』와 『동국세시기』에 실려 있는 내용을 통해서도 알
수 있다. 『삼국유사』에는 계림의 동쪽 아진포에서 까
치 소리를 듣고 배에 실려 온 궤를 얻게 되어 열어 보
았더니 잘생긴 사내아이가 있었는데, 훗날의 탈해왕
이 되었다는 석탈해 신화가 실려 있다. 『동국세시기』
에는 설날 새벽에 가장 먼저 까치 소리를 들으면 그
해에는 운수대통이라 하여 길조로 여겨왔다. 불교에
서는 보양(寶壤)이 절을 지으려고 북령에 올라갔다가
까치가 땅을 쪼고 있는 것을 보고 그곳을 파 보았더
니 해묵은 벽돌이 나왔는데 이 벽돌을 모아 절을 세우고 작갑사(鵲岬
寺)라 하였다는 설화가 전한다. 이 설화에서 까치는 부처의 뜻을 전하
는 행운을 상징한다. 민간 세시풍속에 칠월칠석날 까치가 하늘로 올
라가 견우직녀의 만남을 돕고자 오작교(烏鵲橋)를 놓는다는 전설에서
는 성실한 사람을 돕는 선행자의 역할을 맡고 있다.

⑥ 코끼리

코끼리의 한자어 상(象, xiang)이 길상(吉祥)의 상(祥, xiang)과 발음이
같아 중국에서는 길상의 상징물로 인식되었다. 특별히 사람이 코끼리
를 타고 있는 것을 기상(騎象, gixiang)이라고 한다. 이 기상 또한 길상
(吉祥, jixiang)과 발음이 비슷해서 길상의 상징으로 여겨지고 있다. 그
러나 코끼리 문양은 우리나라에서는 흔하지 않다.

창덕궁 희정당 굴뚝의 코끼리

3. 공명출세

공명출세를 상징하는 도상으로는 수탉, 잉어, 서책, 공작, 백로, 사슴,
원숭이, 닭 등이 널리 사용되었다.

① 수탉

수탉(雄鷄)의 웅(雄)은 영웅의 웅(雄)과 같은 글자이며, 또 발에는 길
고 날카로운 발톱이 있어 적을 맞아 죽을 때까지 싸우는 용맹한 기상

을 지니고 있으므로 영웅의 투지를 나타내는 상징으로 여긴다.

수탉의 벼슬은 조선시대의 관리들의 관모와 모양이 같기 때문에 출세를 의미한다. 또한 수탉이 큰 소리로 우는 모습을 그린 문양은 공계명(公鷄鳴), 즉 공명(功名)을 의미하는 것으로 받아들여진다. 왜냐하면 공적 공(公, gong)이 공로 공(功, gong)과, 울 명(鳴, ming)이 이름 명(名, ming)과 중국어 발음이 같기 때문에 "꼬끼오~"하고 우는 수탉 그림이 공명도(功名圖)가 되는 것이다.

장승업의 수탉 그림

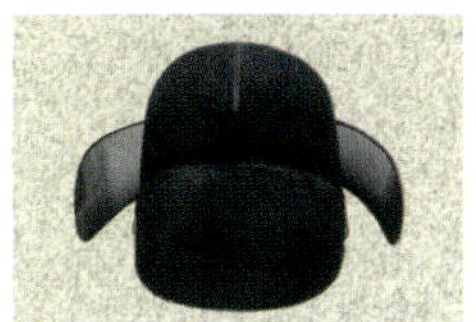

조선시대 관모

② 공작과 백로

공작의 작(雀)은 작(爵)과 같은 발음이라 하여 출세의 상징으로 인식되었다.

백로는 백색의 순결과 고고한 자태로 공명의 도상으로 애용되었다. 백로를 소재로 한 그림들은 대개 연밥을 곁들인 연(蓮)과 갈대(蘆)를 그리고 있다. 백로 그림에 등장하는 백로는 한 마리여야 한다. 왜냐하면 백로 그림은 일로연과(一路連科, 한 길로 연이어 과거에 급제한다)라는 선비들의 세속적인 욕망을 나타내는 소재이기 때문이다.

조선시대 과거 시험은 소과(小科)와 대과(大科)로 나누어져 있었

224

다. 소과는 경전을 위주로 시험을 치르는데 생원(生員)이나 진사(進士)가 되고, 여기에 급제하면 성균관에 입학할 수 있는 자격을 얻거나 대과에 응시할 수 있다.

　백로를 한 마리만 그리는 것은 '일로'(一路)의 뜻을 나타내기 위해서이다. 백로 한 마리(一鷺)가 일로(一路)와 발음이 같다. 또한 연을 그리는 것은 연의 열매인 연과(蓮菓)가 연속 등과한다는 연과(連科)와 발음이 같기 때문이다.

공작의 깃(민화)

③ 잉어

물고기 문양 중 가장 중요한 것이 잉어 문양이다. 잉어가 중국 황하(黃河) 상류의 급류인 용문(龍門)을 오르면 용이 된다는 전설에서 유래된 등용문(登龍門) 설화에는 출세의 염원이 담겨 있다.

　사람들은 온갖 고초를 겪으면서 면학에 힘쓰는 선비들을 잉어에 비유하고, 과거에 급제하여 높은 관직에 오르는 것을 잉어가 변하여 용이 되는 것에 비유하였다. 이러한 의미를 지니고 있는 그림이 〈어변성룡도(漁變成龍圖)〉이다. 이런 유형의 그림은 잉어가 물 위로 힘차게 뛰어오르는 모습을 그리고 있으며, 잉어의 주

등용문도

변에는 거칠게 출렁이는 파도가 묘사된다. 과거시험을 얼마 남겨 두지 않은 벗에게 선물로 주는 경우가 많았으며, 과거에 급제하기를 스스로 다짐하는 선비가 책상머리에 걸어놓는 그림이기도 하였다.

④ 원숭이

원숭이를 선후(獼猴, xian hou)라 하기도 한다. 원숭이 후(猴, hou)와 제후 후(侯, hou)의 중국어 발음이 같은 것과 관련하여 제후의 의미를 갖게 되었고, 나아가 관직 등용의 상징으로 여겨졌다. 원숭이, 벌(蜂), 박쥐, 사슴을 합하여 봉후복록(封侯福祿)을 의미하기도 한다.

⑤ 게

게는 딱딱한 등딱지(甲) 때문에 장원급제(甲)를 상징하는 것이다. 또한 게가 갈대를 물고 있는 도상은 '갈대를 전하다'라는 뜻에서 '전로'(傳蘆, chuan lu)라고 하는데, '전로'는 장원급제자에게 황제가 내리는 음식(傳臚, chuan lu)과 중국어 발음이 같아서 역시 장원급제를 상징하는 것으로 여겨져왔다. 흔히 게 두 마리가 갈대를 놓고 다투는 그림은 이갑전로(二甲傳蘆)라고 하여 소과와 대과, 두 차례의 시험에서 장원급제하여 전로를 받기를 희망하는 뜻으로 해석한다.

김홍도의 〈해탐노회도〉

1. 수복장수

수복장수를 기원하는 상징으로는 십장생이 대표적이며, 이외에도 박
쥐, 나비, 수복자문, 사슴, 학 등이 있다.

① 박쥐

박쥐를 그 생김새, 우는 소리, 생태로
보아 귀엽게 볼 사람은 아마 없을 것
이다. 박쥐인간 '배트맨'이 대변해주
듯 서양에서 이 동물은 주로 야간에
활동하는 까닭에 부정적인 존재로 인
식되는 경향이 압도적이지만, 동양에
서는 달랐다. 박쥐는 어두운 밤에 잠

경복궁 아미산 굴뚝의 박쥐

을 자지 않고 날아다니는 행동 습성으로 인해 재물을 열심히 모으며
사람을 보호하는 동물로, 복(福)과 자손의 번창을 상징했다. 따라서

박쥐를 선서(仙鼠)라 하여 경대, 장, 농 손잡이, 베갯모 등에 그려 넣었다. 이것은 박쥐 복(蝠, fu)이 복 복(福, fu)과 같은 소리가 나서 복의 상징으로 여겨졌기 때문이다.

박쥐가 복을 뜻하므로 무늬를 쓸 때는 반드시 다섯 마리를 넣는다. 이는 다섯 마리가 오복을 상징하기 때문이다. 『서경(書經)』 홍범편(洪範篇)에는 인간의 가장 이상적인 행복관이 기록되어 있다. 오래 삶(壽), 부자 됨(富), 안락하게 삶(康寧), 덕을 닦음(攸好德), 제 명을 마침(考終命)이 그것이다.

② 나비

민속에서는 삼월 삼짓날 가정 먼저 보는 나비를 통해 운수를 점치는 풍속이 있었는데, 노랑나비나 호랑나비일 경우 행운이 온다고 여겨졌다.

만물이 회생하는 봄날, 자유롭게 날아다니며 짝을 찾아 생을 구가하는 나비는 앉을 때 양 날개를 접어서

나비 문양 장식

한 몸이 된다. 따라서 나비는 부부의 금슬이나 백년영화를 상징한다. 또한 나비가 덩굴 식물과 함께 그려지는 경우에는 자손의 창성과 장수를 의미한다. 참외나 호박 또는 땅콩 등은 줄기와 뿌리가 끊임없이

뻗어 나가면서 마디마다 꽃과 열매를 맺기 때문에 면면(綿綿, 계속 이어짐) 또는 연생(連生)을 의미하고, 그 주변에 나는 나비는 장생(長生)을 상징한다.

③ 사슴과 학

사슴은 영생이나 재생의 상징으로 여겨졌다. 또 사슴은 그 출현이 신령함을 상징하기도 하였는데, 고대에는 신과 인간을 매개하는 명물(神鹿)로 여겼다.

학은 실재하는 동물임에도 불구하고 신령스러운 존재로 여겨졌다. 그래서 학은 신선들이 타고 다니는 동물로도 표현되었다. 문양의 경우 거의 언제나 소나무에 앉아 있거나 소나무를 배경으로 학을 묘사하고 있다. 소나무와 학이 서로 짝을 이루게 된 것은 '학수천년'(鶴壽千年), '송수만년'(松壽萬年)이라는 말에서 알 수 있듯이 장수와 관

장승업의 〈송록도〉

경복궁 자경전 십장생 굴뚝의 학

련이 있는 것으로 보인다.

그런데 사실 학은 소나무에 앉지 않는다. 워낙 큰 새이기 때문에 나무 위에서 사는 것이 불가능하다. 그러나 학과 소나무가 함께 그려지면 '학수송령'(鶴壽松齡)으로 읽혀지고, 이 뜻을 위해 학이 소나무에 살지 않는다는 생태적 사실은 무시된다. 학은 또한 파도치는 바닷가에 살지 않는다. 학은 주로 초원이나 늪지에 사는 새이다. 그러므로 학이 파도치는 바닷가에 있는 그림은 이치에 맞지 않는다. 그럼에도 이렇게 그린 이유는 일품당조(一品當朝, 당대의 조정에서 벼슬이 일품에 오르다)로 읽혀지도록 하기 위해서이다.

원래 학은 천수(千壽) 외에 또 하나의 뜻이 있는데, 그것이 일품(一品), 즉 '제일'이라는 뜻이다. 이 일품이 파도치는 바다, 즉 밀물(潮) 앞에 당(當)하여 서 있는 모습이다. 그런데 밀물 조(潮, chao)와 아침 조(朝, chao)가 중국어 발음이 같으므로 이런 뜻이 되는 것이다.

④ 소나무

소나무는 다음 세 가지의 상징성을 지니고 있는 나무로 알려져 있다. 첫째 유교적 절의와 지조의 상징으로, 둘째 탈속과 풍류의 상징으로, 셋째 장수의 상징으로. 그런데 생활문양에서 나타나는 소나무의 대부분은 장수를 상징하는 것이다.

경복궁 자경전 십장생 굴뚝의 소나무

소나무가 장수의 상징으로 자리 잡게 된 것은 『시경』 「천보시」(天保詩)에 나오는 "소나무 잣나무 무성하듯 임의 자손 무성하리"(如松栢之茂 無不爾或承)라는 구절의 영향을 받은 것으로 추측한다. 이는 소나무가 지닌 장생수(長生樹)로서의 속성을 인간사에 조응시킨 것이다. 이를 시작으로 수많은 민요나 가사 등에서 소나무를 장수의 상징으로 노래하였다. 시간이 흐르면서 송수천년(松壽千年) 또는 송백불로(松柏不老)라는 관념이 일반화되기에 이르러 소나무가 장생수로서 확고한 위치를 차지하게 된 것이다.

⑤ 복숭아

정원에서 재배하는 '색비름'은 날 때부터 빨간색이어서 홍안, 즉 젊음을 뜻하지만, 반대로 색깔이 끝까지 초록색(碧)이어서 젊음을 뜻하는 것도 있다. 천도(天桃) 복숭아가 그것인데, 일명 벽도(碧桃)라고 부르는 것도 이런 이유 때문이다. 또 이것을 반도(蟠桃)라고도 부르는 것은 그 나무의 크기가 수천 리에 걸쳐 마치 용이 서려 있는 듯 크기 때

자개농 복숭아 문양

문이다. 여하튼 보통 복숭아나무가 아니고 삼천 년 만에 한 번씩 열매가 여는데, 신선이 되려면 득도(得道)를 한 후에 이 복숭아밭의 주인인 서왕모(西王母)에게 알맞게 익은 것을 얻어먹어야 하는 것이다. 그래서 선도(仙桃)라고도 한다.

일설에 천도는 삼천 년 만에 꽃이 피고, 삼천 년 만에 열매가 열고, 삼천 년 만에 익어서, 모두 합쳐 구천 년이 지나야 비로소 먹을 수 있게 된다고 한다. 허황된 말 같지만 원래 삼천이라는 수가 많다는 뜻의 관용어인 점을 생각하면, 꽃도 늦게 피고 열매도 늦게 열리고 익는 것도 늦은 만생종(晩生種) 복숭아를 이렇게 보았던 모양이다. 이 만생종은 익는 시기가 매우 늦어서 추석이 지나서까지 파랗고, 10월에 익는다 하더라도 다른 복숭아처럼 빨갛게 되지 않고 파란색을 그냥 간직한 채 익는다.

이렇게 젊었을 때의 색깔을 계속 간직한 파란 복숭아(碧桃)는 청춘을 뜻하게 되었고, 이것을 먹으면 늙지 않고 오래도록 젊음을 간직하리라고 생각했던 것이다. 그래서 복숭아는 불로장수의 대표적인 상징이 되었다. 장수를 축원하는 그림에는 복숭아가 빠지지 않는다.

2. 다산기자

다산기자의 상징물로는 포도, 석류, 참외, 호박, 오이, 가지, 난초 등이 있다.

① 포도와 호박

포도송이는 많은 열매를 달고 있기 때문에 다산(多産)과 풍요의 상징으로 여겨졌다. 포도를 그릴 때는 반드시 덩굴에 달린 채로 그린다. 이렇게 해야만 "자손이 영원히 끊이지

경복궁 자경전 십장생 굴뚝의 포도

않는다"(子孫萬代)라는 뜻이 되기 때문이다. 포도는 자손이 되고 덩굴은 한자로 만대(蔓帶)이므로 독음이 같은 만대(萬代)의 의미를 갖게 되는 것이다. 그러므로 반드시 덩굴째로 그려야 한다.

자손이 만대까지 이어지는 것이 우리 선조에게는 매우 중요한 일이었다. 만약 자손이 끊어지면 저승에 계신 조상들을 모두 굶게 하는 결과가 되기 때문이다. 이런 생각 때문에 후사(後嗣)를 두는 것이 효의 근본이라고 생각하였다. 맹자도 불효가 되는 세 가지 일 중 후사가 없는 것이 제일 크다고 하였다. 주렁주렁 달린 호박 또한 자손을 뜻한다. 이때의 호박은 포도와 마찬가지로 덩굴과 함께 그려진다.

② 석류

석류는 붉은 주머니 속에 많은 씨앗이 들어 있고 맛 또한 시기 때문에 임산부들의 입맛에 알맞아 다남자(多男子)를 상징하는 도상으로 많이 표현되었다. 주머니 속에 예쁜 씨앗이 가득 들어 있는 것이 자손이 많은 것을 나타낸 것이다. 따라서 석류는 '다자'를 나타낸다.

석류는 불로초와 함께 그려질 때에는 백자장생(百子長生, 백 명

경복궁 자경전 십장생 굴뚝의 석류

의 자손이 오래 삶)의 의미를 가진다. 석류는 그 모양과 내용이 보석을 간직한 복주머니 같아 사금대(沙金袋)라는 별명도 가지고 있다. 이런 좋은 뜻을 한 몸에 가진 석류는 도안화되어 판화 같은 데서 흔히 응용되었고, 건물 단청에까지 사용되었다.

④ 삼대(三多)

복숭아, 석류, 불수감을 말하는 것으로 인생의 최대 행복인 장수(壽), 다남자(多男子), 복(福)을 상징한다.

예산 보덕사 극락전 불수감

불수감은 감귤류에 속하는 과일로 중국에서는 남방의 광동 지방에서 많이 생산된다. 겨울에 열매를 맺으면 맑은 향기가 있어 북방 사람들이 매우 귀하게 여기는 과일이다. 색이 선황색이고 그 모양이 부처 손가락을 닮았다 하여 사람들이 불수감(佛手柑)이라 불렀다. 또한 불수감의 불(佛, fu)이 복(福, fu)과 발음이 같은 점을 들어 행복의 상징물로 애호하였다.

3. 부귀유여

부귀유여를 상징하는 도상으로는 모란, 금붕어, 봉황, 돈 등이 널리 사용되었다.

① 모란

모란꽃은 꽃의 왕(花中之王)이라고 일컫는 만큼 모양이 훌륭해서 부귀화(富貴花)라고도 불린다. 흔히 모란꽃 그림에 나비를 그리지 않는다 하고, 그 이유가 모란꽃에 향기가 없어서라고 한다. 그러나 실제 모란꽃에는 향기가 있고, 벌과 나비 등도 가끔 날아온다. 단지 모란이 피는 계절이 5월 초이기 때문에 아직 벌과 나비가 많을 때가 아니라서 모란꽃에 나비가 앉은 모습을 보기 어려울 뿐이다. 그런데 많은 사람들이 모란에 향기가 없다고 알고 있는 것은 『삼국유사』에 기록된 선덕여왕의 세 가지 일화 중 모란과 관련된 이야기 때문이다.

> 당 태종이 붉은색, 자주색, 흰색의 세 가지 색으로 그린 모란과 그 꽃씨 석 되를 보내왔다. 선덕여왕은 그림의 꽃을 보고 말하기를, "이 꽃은 반드시 향기가 없을 것이다"라고 하였다. 이에 뜰에 심도록 명령하고 그 꽃이 피고 지는 것을 기다려 보았더니, 과연 그의 말과 같았다.

모란은 중국 당나라 이래 번영창성의 꽃과 행복의 상징으로 널리

모란 병풍

애호되었다. 그런데 당시 당나라에서는 모란꽃에 나비를 곁들여 그리지 않는 법식이 있었다. 왜냐하면 나비를 그려 넣게 되면 모란의 의미가 축소되기 때문이다. 나비를 나타내는 한자 접(蝶, die)이 80세 노인을 나타내는 한자 질(耋, die)과 중국어 발음이 같다. 따라서 모란 그림에 나비를 그려 선물하게 되면, 그 선물을 받은 사람이 80세까지만 부귀를 누리라는 것으로 의미가 축소된다. 그런 까닭에 모란 그림에 나비를 그리지 않는 것이다.

② 고양이

고양이는 벽사의 동물로 인식되기도 하지만, 다른 한편으로는 부귀유여(富貴有餘)의 뜻도 있다. 고양이는 70세 노인을 뜻한다. 고양이 묘(猫, miao)가 70세 노인이라는 뜻의 모(耄, miao)와 중국어 발음이 같기 때문이다. 따라서 고양이 그림은 고희 축하용이다.

변상벽의 고양이 그림

　한편 조선시대에 고양이 그림을 잘 그려서 변고양(卞古羊)이라는 별명을 얻었던 변상벽은 토속적인 고양이 그림을 그렸다. 변상벽은 중국의 고양이 그림과 달리 참새(雀)

를 기쁨(喜)으로 표현하였다. 참새 작
(雀)과 까치 작(鵲)의 독음이 같은 것
을 이용하여 우리나라에서만 기쁨의
뜻을 나타낸 것이다.

서세옥의 금붕어 그림

③ 금붕어

금어(金魚, jin yu)로 표현되는 금붕어는 금여(金餘, jin yu), 곧 재산이
넉넉하다는 의미로 쓰인다. 이는 물속에서 노는 모습이 여유롭게 보
이기도 하거니와 금어의 어(漁, yu)가 여유롭다는 여(餘, yu)와 중국어
발음이 같기 때문이다. 또 물고기 떼를 그린 그림은 자손이 많아 가문
이 번창하기를 기원하는 의미를 담고 있다.

④ 돈

돈은 예나 지금이나 보배로운 물건으로 여겨졌
나. 그런 돈에 상서로움을 의미하는 문자를 넣
어 길상의 뜻으로 표현하였다. 항상 평안하나
는 뜻의 '상평통보'가 대표적이다. 때로는 돈 모
양 속에 장명부귀(長命富貴) 또는 부귀만당(富貴滿
堂) 등 길상어를 써 넣어 부귀와 재화의 기원을 담았다.

돈 문양의 장식

옛날에는 매년 섣달 그믐날이면 자녀들에게 마귀를 쫓는 돈을 나누어
주는 풍습이 있었다. 이는 돈이 마귀를 제압하는 힘이 있다고 믿었기
때문이다.

4. 가정평안

부부화합과 가내평안은 만복의 근원이라고 생각되었다. 따라서 각 가정에는 이를 바라는 도상이 많이 장식되었는데 원앙, 기러기, 연꽃, 쌍어, 오리, 보병, 사슴 등이 널리 애용되었다.

① 원앙

원앙은 수컷인 원(鴛)과 암컷인 앙(鴦)을 함께 부르는 말이다. 한 쌍의 원앙은 어느 한쪽을 잃더라도 새로운 짝을 얻지 않는다고 하여 민간에서는 부부간의 정조와 애정 및 백년화목의 상징으로 여겼다. 원앙은 날 때 암수가 서로 어깨와 날개를 나란히 하며 난다고 하는데 수컷인 원이 오른쪽을, 암컷인 앙이 왼쪽을 지킨다고 한다.

원앙 문양이 들어 있는 이불과 베개를 사용하는 것은 아름답고 좋은 인연을 맺는다는 의미를 함축하고 있다. 이 때문에 특별히 신혼부부의 금침을 원앙피(鴛鴦被), 원앙침(鴛鴦枕)이라 부른다. 이 경우 원앙은 대부분 쌍을 이루고 있다.

원앙 문양의 배갯모

② 기러기

기러기는 철새이다. 봄에는 북으로 날아가고 가을이면 남으로 이동하기 때문에 계절의 변화를 뜻하게 되었다. 따라서 기러기는 안서(雁書)라는 말에서 알 수 있듯이 소식을 전해주는 새로 알려져 있다.

또한 기러기는 음양에 순응하여 평생토록 한 배필을 따라 절개를 지킴으로써 '남녀음양 교통의 새'나 '백년해로의 새'로 여겨졌다. 조선 후기 여성생활 지침서인 『규합총서』에는 기러기가 지니는 상징성에 대해 다음과 같은 기록이 있다.

> 기러기의 작은 것은 안(雁)이요, 큰 것은 홍(鴻)이다. 이 기러기는 네 가지 덕이 있다. 첫째, 추우면 북쪽에서 남쪽으로 날아가고 더우면 남쪽에서 북안문(北雁門)으로 돌아가니 이것은 신(信)이요, 둘째 나는 것에 차례가 있어 앞에서 울면 뒤에서 화답하니 이것은 예(禮)요, 셋째 짝을 잃으면 다시 짝을 얻지 않으니 이것은 절개요, 넷째 밤이면 무리를 지어 자면서 한 마리가 순시하고 낮이면 갈대를 입에 물어 주살을 피하니 이것은 지혜이다. 기러기를 폐백으로 쓰는 것은 이러한 이유 때문이다.

이처럼 기러기는 믿음·예의·절개·지혜를 상징하는 새이기 때문에 혼례가 있으면 산 기러기를 안고 신부의 집으로 찾아갔던 것이다. 혼례식이 끝난 뒤에는 신방에 놓아두는 것이 일반적이었다. 이 역시 신랑 신부의 백년해로를 희구하는 가족들의 배려에 의한 것이다. 한편 기러기와 갈대를 뜻하는 '노안'(蘆雁)은 나이 들어 편안하다는 뜻의 '노안'(老安)과 뜻이 겹쳐진다. 따라서 조선시대에는 선물용 그림으로 노안도(蘆雁圖)를 많이 그렸다.

③ 쌍어

물고기 문양 가운데는 쌍을 이루고 있는 것이 특히 많다. 원래 쌍은 음과 양을 함께 갖추고 있는 것이기 때문에 쌍어는 조화, 화합 또는 부부의 화합 뜻을 지니고 있다.

④ 오리

오리는 짝을 이룬 뒤 하나가 죽으면 다른 하나도 뒤따라 죽는다고 믿어져 부부의 금슬을 나타낸다. 오리는 행복과 생산의 상징으로 존중되었다. 수중군자(水中君子)인 연꽃과 같이 그려진 오리 그림(蓮花雙鴨圖)은 여성들의 공간과 장식품에 널리 애용되었다.

⑤ 연꽃

연꽃만큼 생활문양으로서 역사가 깊고 폭넓은 사랑을 받은 문양도 드물다. 연꽃은 생명의 창조, 번영의 상징으로 애호되었

장승업의 〈노안도〉

김양기의 〈오리〉

240

는데 그 이유는 연꽃 씨앗의 강한 생명력에 있다. 또한 불교에서는 연꽃이 늪지대에 자라지만 아름다운 꽃을 피운다는 점에서 청결과 순결의 상징으로도 여겼다.

경복궁 자경전 십장생 굴뚝의 연꽃

보통 식물들은 꽃을 피운 뒤 열매를 맺는데, 오직 연꽃만이 꽃과 열매가 함께 맺히는 생태적 특징을 가지고 있다. 따라서 연꽃은 연생(連生), 곧 연이어 자손을 얻는다는 의미를 얻게 되었다. 세속에서는 연꽃의 번식력이 생식 번영의 상징으로 간주되어, 남녀 간의 사랑과 행복의 상징으로 여겼다.

연꽃이 물새, 나비, 물고기 등 연당 주변의 풍경과 함께 그려진 것은 인간사의 즐거움과 부부의 금실 좋기를 바라는 마음을 담은 것이다.

1. 왕의 상징물들

왕은 전통사회에서 가장 높고 존엄한 존재이다. 그러한 왕을 상징하는 도상들은 특별하게 선택되었고 함부로 사용할 수 없었다. 오봉일월도는 관념상 왕의 존엄성을 드러내는 상징이었고, 용, 봉황 등은 그 자체가 동물과 새의 우두머리로 상상되었기 때문에 왕의 상징물로 널리 쓰이게 되었다.

① 오봉일월도

조선시대 오봉일월도는 임금이 임하는 정전이나 주거 공간, 돌아가신 임금을 모시는 전각 등에 설치되었다. 오직 조선에서만 썼던 것인데 조선의 국왕은 반드시 이 병풍 앞에 앉았다.

해와 달은 음양을 의미하며, 다섯 개의 봉우리는 오행, 즉 도덕적으로 인의예지신(仁義禮智信)을 상징한다. 따라서 오봉일월도 앞의 왕이 음양과 오행사상에 입각하여 나라를 다스리라는 뜻이 된다.

오봉일월도와 용상

② 용·봉황·청동 솥(九鼎)

용과 봉황은 동물과 새들의 우두머리일 뿐 아니라 한편으로는 제왕을 상징한다. 경복궁에서 왕이 근무하는 공간인 사정전에는 운용도(雲龍圖)가 그려져 있다. 용과 구름은 '용이 기운을 토하여 구름을 이루고', '그 구름을 올라탐으로써 신령함을 드러낸다'고 하여 어진 군주와 현명한 신하의 관계를 상징한다.

청동 솥은 고대 종교의례나 국가 제사에서 사용되었던 그릇으로, 제왕 권력의 상징이다. 옛 기록에 따르면 정(鼎)에는 9, 7, 5, 3의 네 가지 등급이 있다. 천자는 구정(九鼎), 제후는 칠정(七鼎), 대부는 오정(五鼎), 원사(元士)는 삼정(三鼎)이다. 말하자면 정은 중세사회 통치 권위의 존비귀천을 구별하는 상징물이었다.

하나라 우(禹)왕 때는 아홉 개의 정을 주조하였다 한다. 아홉 개의 정은 구주(九州)를 상징하는 것으로 우가 최고의 권력자임을 의미

청동솥 (민화)

하는 것이다. 이와 관련하여 솥 문양은 후대에도 최고의 권위와 권력의 상징으로 취급되었다.

2. 사대부의 도상

선비들의 의식을 반영하는 도상으로는 사군자(매·난·국·죽)와 세한삼우(송·죽·매)가 있다. 사군자는 조선시대 선비들의 문인화에서 가장 사랑을 받았던 소재이다.

① 매화
매서운 추위에도 꿋꿋하게 꽃을 피우는 생태를 고상한 품격과 불의에

경복궁 자경전 화초담의 매화

굴하지 않는 지조에 비유하기도 한다. 또 이른 봄에 홀로 꽃을 피우고, 맑은 향기와 우아한 자태를 갖고 있어 순결과 절개의 상징으로 여겨졌다.

② 난초

이정의 〈묵란도〉

난초는 착하고 그윽한 군자의 덕목을 갖춘 식물로 여겨졌다. 또한 착한 사람과 사귀는 것은 마치 난초를 가꾸고 있는 방에 들어가는 것과 같아서 오래 있으면 그 향기를 맡지 못하나 곧 그것과 동화된다고 생각했다. 자신을 알아주는 좋은 친구를 난우(蘭友)라고도 한다.

③ 국화

동진의 시인 도연명은 오두미교(五斗米敎)에 자신이 지조를 굽히지 않고 관직을 떠나 고향에 묻혀 살면서 소나무와 국화를 매우 사랑하였다고 한다. 국화는 도연명의 고사에서 비롯하여 군자의 절개와 지조를 상징한다. 특히 국화는 은일한 선비의 덕목을 갖는 것으로 인식되었다. 늦은 서리를 견

경복궁 자경전 화초담의 국화

디며 피는 국화는 절개와 상서의 상징으로도 받아들여졌다.

한편 바위와 함께 그려지는 국화는 장수의 상징이다. 국화에 새가 날아드는 그림은 가정의 평안을 의미한다.

④ 대나무

경복궁 자경전 화초담의 대나무

대나무는 사계절 내내 색이 변치 않으므로 군자의 품격과 지조·절개를 상징한다. 또한 대나무는 불교에서는 관음보살의 자비를 상징하며, 도교에서는 초탈자의 이미지를 갖고 있다. 또 민간에는 죽순의 번성으로 인하여 다산을 의미하기도 한다.

한편 세한삼우는 겨울에도 푸르름을 잃지 않는 소나무, 추위를 견디는 대나무, 눈 속에서도 꽃을 피우는 매화를 합한 것으로 지조와 절개를 상징하는 도상으로 널리 애호되었다.

참고문헌

I. 단행본

강영환, 2002, 『새로 쓴 한국 주거문화의 역사』, 기문당

강우방, 2001, 『한국미술, 그 분출하는 생명력』, 월간미술

강우방 · 신용철, 2003, 『탑』, 솔출판사

고유섭, 1975, 『한국탑파의 연구』, 동화출판공사

국립공주박물관, 1999, 『정지산』

권오영, 2005, 『고대동아시아 문명 교류사의 빛, 무령왕릉』

김정희, 1989, 『신장상』, 대원사

김효진, 1997, 『사찰, 그 속에 깃든 의미』, 효림

박도화, 1990, 『보살상』, 대원사

서문당, 1994, 『사진으로 본 조선시대』

서정걸, 2001, 『한국의 춘화』, 미술사랑

송호정 · 여호규, 2002, 『아! 그렇구나 우리 역사(고조선)』, 고래실

시공테크, 2002, 『그림과 명칭으로 보는 한국의 문화유산』 1

안휘준, 2000, 『한국 회화사』, 시공사

안휘준 · 김원룡, 2003, 『한국미술의 역사』, 시공사

역사문제연구소, 1993, 『사진과 그림으로 보는 한국의 역사』

예경 편, 2000, 『KOREAN Art Book』, 예경

오주석, 1999, 『옛 그림 읽기의 즐거움(1)』, 솔출판사

오주석, 2003, 『한국의 미(美) 특강』, 솔출판사

유홍준, 1998, 『조선시대 화론 연구』, 학고재

이건무, 2000, 『청동기문화』, 대원사

이건무 · 조현종, 2003, 『선사유물과 유적』, 솔출판사

이기백, 1990, 『신라사상사연구』, 일조각

이원복, 2005, 『회화』, 솔출판사

이태호, 1996, 『풍속화(둘)』, 대원사

이태호, 1996, 『풍속화(하나)』, 대원사

이태호, 2000, 『미술로 본 한국의 에로티시즘』, 여성신문사

임영주, 2004, 『한국의 전통문양』, 대원사

장경호, 1992, 『한국의 전통건축』, 문예출판사

장충식, 1987, 『신라탑파연구』, 일지사

장충식, 1989, 『한국의 탑』, 일지사

전국역사교사모임, 1992, 『미술로 보는 우리 역사』, 푸른나무

전호태, 2000, 『고구려 고분벽화 연구』, 사계절

전호태, 2004, 『고구려 고분벽화의 세계』, 서울대학교출판부

정동찬, 1996, 『살아 있는 신화 바위그림』, 혜안

정영호 편, 1980, 『한국의 미』 9 석탑, 중앙일보사

정영호, 1989, 『석탑』, 대원사

정영호, 1990, 『부도』, 대원사

조용진, 1999, 『동양화 읽는 법』, 집문당

진홍섭 편, 1988, 『국보』 6 탑파, 예경산업사

최병현, 1992, 『신라고분의 연구』, 일지사

최완수, 1997, 『신성시대』, 돌베개

최준식, 2004, 『신 서울기행』, 열매출판사

한국건축역사학회, 2006, 『한국건축 답사수첩』, 동녘

한국고고학회, 2007, 『한국고고학강의』, 사회평론

한국방송통신대학교, 2007, 『한국문화와 유물유적』, 한국방송통신대학교출판부

한국생활사박물관편찬위원회, 2002, 『한국생활사박물관(백제생활관)』, 사계절

한국생활사박물관편찬위원회, 2002, 『한국생활사박물관(선사생활관)』, 사계절

한국역사민속학회, 1996, 『한국의 암각화』, 한길사

한국역사연구회, 2002, 『역사문화수첩』, 역민사

한국역사연구회, 2004, 『고대로부터의 통신』, 푸른역사

한국역사연구회, 2006, 『삼국시대 사람들은 어떻게 살았을까(개정판)』, 청년사

한정희, 1997, 『옛 그림 감상법』, 대원사

허균, 1991, 『전통미술의 소재와 상징』, 교보문고

허균, 1995, 『전통문양』, 대원사

허균, 1998, 『뜻으로 풀어본 우리의 옛그림』

허균, 2000, 『사찰장식 그 빛나는 상징의 세계』, 돌베개

허균, 2004, 『나는 오늘 옛 그림을 보았다』, 북폴리오

허균, 2004, 『선인들이 남겨 놓은 삶의 흔적들 - 한국인의 미의식』, 다른세상

홍선표, 1999, 『조선시대회화사론』, 문예출판사

황수영 편, 1974, 『한국미술전집』 6 석탑, 동화출판공사

II. 도록

경기도박물관, 2005, 『우리 곁의 고구려』

경기도박물관, 2006, 『한성백제』

계명대학교박물관, 2004, 『민화』

공주대학교박물관, 2007, 『해미 기지리 유적』

국립경주박물관, 1991, 『경주이야기』

국립경주박물관, 1997, 『신라토우』

국립경주박물관, 2001, 『신라황금』

국립고궁박물관, 2005, 『국립고궁박물관』

국립공주박물관, 2001, 『백제사마왕』

국립광주박물관, 1994, 『선·원사인의 도구와 기술』

국립광주박물관, 2004, 『조선시대 산수화』

국립김해박물관, 1998, 『국립김해박물관』

국립김해박물관, 2000, 『고고학이 찾은 선사와 가야』

국립대구박물관, 2001, 『대구 오천년』

국립대구박물관, 2002, 『한국 전통복식 2천년』

국립대구박물관, 2005, 『머나먼 진화의 여정 사람과 돌』

국립민속박물관, 2006, 『한국인의 일생』

국립부여박물관, 1997, 『국립부여박물관』

국립중앙박물관, 1997, 『한국 고대의 토기』

국립중앙박물관, 1998, 『고고유물로 본 한국고대국가의 형성』

국립중앙박물관, 1999, 『한국의 선ㆍ원사토기』

국립중앙박물관, 2006, 『북녘의 문화유산』

국립중앙박물관ㆍ경주박물관, 2002, 『특별전 통일신라』

국립진주박물관, 2002, 『청동기시대의 대평ㆍ대평인』

복천박물관, 2003, 『기술의 발견』

복천박물관, 2005, 『선사ㆍ고대의 요리』

부산대학교박물관, 1996, 『선사와 고대의 문화』

서울대학교박물관, 1997, 『서울대학교박물관 발굴유물도록』

서울대학교박물관, 2000, 『오원 장승업』

서울대학교출판부, 2002, 『북한의 문화재와 문화유적』

서울역사박물관, 2002, 『풍납토성』

성균관대학교박물관, 2007, 『신라 경주 유적의 어제와 오늘』

수원시청, 2000, 『수원의 옛 지도』

충남대학교박물관, 2007, 『호서지역의 청동기문화』

한양대학교박물관, 2003, 『인류의 진화ㆍ한민속의 기원 ORIGINS』

한양대학교박물관, 2003, 『한반도 토기문화의 흐름』

호암미술관, 1999, 『인물로 보는 한국미술』

찾아보기